W0191687

Konzepte der Humanwissenschaften

Joseph Sandler
Christopher Dare und
Alex Holder

Grundbegriffe der psychoanalytischen Therapie

Ernst Klett Verlag
Stuttgart

Autorisierte Übersetzung
aus dem Englischen von
Horst Vogel
Die Originalausgabe erschien unter dem Titel
»The Patient and the Analyst.
The Basis of the Psychoanalytic Process«

Printed in Germany 1973
Einbandgestaltung und Typographie: Heinz Edelmann
Satz und Druck: Hieronymus Mühlberger KG, Augsburg
ISBN 3-12-906970-4

Inhalt

Vorwort

Vor etwa drei Jahren begannen wir eine eingehende Untersuchung von Grundbegriffen der Psychoanalyse. Dies schien uns notwendig, weil bei der Unterrichtung intelligenter Psychiatriestudenten, die bereits Examina bestanden hatten, Schwierigkeiten aufgetreten waren und uns deutlich wurde, daß diese Schwierigkeiten zu einem nicht geringen Teil auf mangelhafte Klarheit der Begriffe selbst zurückzuführen waren. Klärung bestimmter Grundvorstellungen war nun glücklicherweise eine Forschungsaufgabe, die in Einklang mit unseren Tätigkeiten am Institut für Psychiatrie stand. Das vorliegende Buch stellt die Ergebnisse unserer Arbeit in einer Form dar, von der wir hoffen, daß sie die Grundbegriffe der psychoanalytischen Therapie in ihrer Bedeutung und Entwicklung klarer erscheinen lassen wird. Wir meinen auch, daß es die Grundlage für sachgemäße und adäquate Anwendung psychoanalytischer Begriffe in benachbarten Bereichen bieten könnte, etwa in der psychoanalytisch orientierten Psychotherapie und im Case-work. Wir hoffen, daß dieses Buch dazu beitragen wird, etwas von der Mystik zu beseitigen, von der die psychoanalytischen Vorstellungen noch immer umgeben sind. Als psychoanalytisch Lernende und Lehrende machten wir im Verlaufe unserer Arbeit die Erfahrung, daß unser eigenes Denken in diesem Bereich wesentlich klarer und in mancherlei Hinsicht modifiziert wurde. Unsere Hoffnung ist, daß dieses Buch besonders für die Kandidaten und Dozenten der psychoanalytischen Ausbildungsinstitute von Nutzen sein wird.

Unser Dank gilt Sir Denis Hill, Professor für Psychiatrie am Londoner Institute of Psychiatry, für seine besonderen Bemühungen, uns Mittel und Möglichkeiten zur Durchführung dieser Arbeit zu verschaffen, und für seine ständige Ermutigung. Dr. Eliot Slater setzte seinen Ruf als Chefherausgeber des *British Journal of Psychiatry* aufs Spiel, als er eine Serie von zehn Arbeiten*, die einen Großteil des Inhalts dieses Buches ausmachte, schon annahm, noch ehe er mehr als zwei davon gesehen hatte; wir möchten ihm dafür und für seine tolerante und wohlwollende Unterstützung danken.

---

* Sandler, Dare und Holder, 1970 a, b, c, d, 1971; Sandler, Holder und Dare, 1970 a, b, c, d, e. Einiges weitere Material wurde zwei anderen Arbeiten entnommen (Sandler 1968, 1969).

Eine Anzahl von Kollegen, besonders Dr. Max Hernandes, Dr. Robert L. Tyson und Frau Anne-Marie Sandler, lasen wiederholt Teile des Manuskripts und halfen uns mit ihren Anmerkungen. Finanzielle Unterstützung gewährten uns die Forschungsstiftungen des Bethlem Royal Hospital und des Maudsley Hospital, ferner die Foundation for Research in Psychoanalysis, Los Angeles. Von besonderem Wert war uns das persönliche Interesse von Frau Lia Hazem und Dr. Ralph R. Greenson von der genannten Stiftung. Unser Dank gilt endlich der Sigmund Freud Copyrights Ltd. und dem Institute of Psycho-Analysis, London.

London, im März 1971

1 Einleitung

Dieses Buch befaßt sich mit den Grundbegriffen der psychoanalytischen Therapie. Viele Begriffe, die im Rahmen der Psychoanalyse entwickelt wurden, und besonders die in diesem Buch behandelten, sind zur Verwendung in andersartigen, nichtanalytischen Bezugssystemen und unter ganz unterschiedlichen situativen Bedingungen ausgeweitet worden. Wenn psychoanalytische Begriffe brauchbar sind, dann sollten solche Ausweitungen möglich und von Wert sein; es läßt sich dabei aber nicht vermeiden, daß sich im Zuge solcher Erweiterung auch Bedeutungsveränderungen einstellen. Eine der Absichten dieses Buches ist, eine Reihe von Grundbegriffen unter diesem Gesichtspunkt zu überprüfen, wobei die beiden ersten Kapitel zur Einführung in die Erörterung spezifischer Begriffe dienen sollen. Die philosophischen Implikationen der Bedeutungsveränderung von Begriffen, die aus ihrem ursprünglichen Zusammenhang herausgelöst und in einen anderen hineingebracht worden sind, wurden von mehreren Autoren ausgeführt (etwa Schon, 1963; Kaplan, 1964); die psychoanalytische Theorie wirft hierbei ganz eigene Probleme auf. Sie wird oft als voll integriertes und konsistentes Denksystem angesehen, was keinesfalls zutrifft. Psychoanalytische Begriffe sind nicht durchwegs wohldefiniert, und während sich die Psychoanalyse weiterentwickelte und ihre Theorien sich veränderten, haben Bedeutungsveränderungen stattgefunden. Wir wollen einige dieser Veränderungen auf den folgenden Seiten zu verdeutlichen versuchen. Darüber hinaus ist es auch vorgekommen, daß eine bestimmte Bezeichnung zu einem bestimmten Zeitpunkt der Entwicklung der Psychoanalyse mit unterschiedlichen Bedeutungen gebraucht wurde. Ein Musterbeispiel dafür ist die Mehrdeutigkeit von Begriffen wie *Ich* (Hartmann, 1956), oder *Identifizierung* und *Introjektion* (Sandler, 1960 b). Es wird deutlich werden, wie sehr die Probleme der Mehrfachbedeutung auch für die Begriffe gelten, die in diesem Buch behandelt werden. Wir stehen in der Psychoanalyse gegenwärtig vor der Situation, daß die Bedeutung eines Begriffs nur dann voll verständlich wird, wenn man den Kontext heranzieht, innerhalb dessen der Begriff gebraucht wurde. Die Situation wird dadurch noch weiter kompliziert, daß unterschiedliche psychodynamische Schulen vieles von der gleichen Grundterminologie übernommen haben (und dann ihren Absichten entsprechend modifizierten).*

(Fußnote siehe S. 10)

Das hauptsächliche Ziel der vorliegenden Arbeit ist die Förderung von Kommunikationsmöglichkeiten, nicht nur innerhalb des Bereichs der psychoanalytischen Therapie selbst, sondern auch dort, wo Situationen anderer Art als die der klassischen psychoanalytischen Behandlung (etwa Psychotherapie und manche Formen von Case-work) in geeigneten psychodynamischen Begriffen gefaßt werden müssen (s. Sandler, 1969). Dies ist um so dringlicher, als die psychotherapeutische Ausbildung innerhalb der allgemeinen psychiatrischen Schulung eine zunehmende Bedeutung gewinnt (Hill, 1969).

In diesem Zusammenhang sollte man sich vor Augen führen, daß Psychoanalyse nicht nur eine besondere Behandlungsmethode ist, sondern auch der Entwurf einer Theorie mit dem Anspruch einer allgemeinen Psychologie. Manche ihrer Begriffe sind überwiegend therapiebezogener oder technischer Art und haben keinen Anteil am allgemeinen psychologischen Modell der Psychoanalyse. Zu den technischen Begriffen gehört beispielsweise der des *Widerstandes,* der sich auf eine Gruppe therapieeigener Phänomene bezieht, seinerseits jedoch als eine spezifische Äußerungsform der Wirkungsweise psychischer Abwehrmechanismen betrachtet werden kann (die ihrerseits wiederum Teil der allgemeinen psychoanalytischen Psychologie sind und sowohl bei ›normalen‹ als auch bei gestörten Personen als gegeben postuliert werden). Es lohnt sich, die Unterscheidung zwischen therapiebezogenen (technischen) und theoriebezogenen (psychologischen) Begriffen der Psychoanalyse (Freud nannte die letzteren »metapsychologische«) im Auge zu behalten.

Wir stehen nun vor der Situation, daß nicht nur die psychologischen, sondern auch die behandlungstechnischen Begriffe der Psychoanalyse über die Begrenzung auf den Behandlungsraum des Analytikers hinaus erweitert worden sind. Es hat zwar den Anschein, daß man diese Begriffe zu einem gewissen Grade auf jede Behandlungssituation anwenden kann, aber solche Anwendungen verlangen zugleich auch eine neuerliche Überprüfung und möglicherweise eine Neubestimmung dieser Begriffe. Nehmen wir nochmals den Widerstand als Beispiel: In der Psychoanalyse ist er als Widerstand gegenüber der freien Assoziation definiert worden, doch gibt es keinen Zweifel, daß man dem im wesentlichen gleichen Phänomen sogar im Bereich der medikamentösen Behandlung begegnen kann, wenn nämlich ein Patient die verordneten heilungsfördernden Medikamente nicht nimmt. Auch dies kann ein Widerstandsverhalten sein,

* Zum Beispiel besitzen die Begriffe ›Ich‹, ›Selbst‹ und ›Libido‹ in der Psychologie C. G. Jungs ganz andere Bedeutungen als in der auf Freud aufbauenden psychoanalytischen Literatur.

das Ähnlichkeit mit dem hat, das der Analytiker beobachtet, aber es läßt sich nicht mehr in Begriffen des freien Assoziierens definieren. Jedem Psychiater und Case Worker ist das Widerstandsphänomen bekannt, wenn es sich auch in anderen Kommunikationsweisen als der freien Assoziation abspielt. Der Wunsch nach genauer Definition eines Begriffs, speziell eines technischen, läßt sich nicht voll erfüllen, wenn der Begriff in verschiedenartigen therapeutischen Situationen Anwendung finden soll. Das Bemühen um genaue Definitionen, das in zahlreichen Darstellungen psychoanalytischer Begriffe und in einer wachsenden Zahl psychoanalytischer Wörterbücher und Glossarien seinen Ausdruck gefunden hat (z. B. Laplanche und Pontalis, 1967; Moore und Fine, 1967; Eidelberg, 1968; Rycroft, 1968), führte zu Schwierigkeiten und Ungereimtheiten. Die Vor- und Nachteile solcher Wörterbücher lassen erkennen, daß der historische Zugang eine *conditio sine qua non* für das Verständnis jedes psychoanalytischen Begriffes ist, denn seine Bedeutung ergibt sich aus dem Kontext, in dem er gebraucht wurde. Wir haben uns daher für den historischen Weg entschieden.

Die Psychoanalyse entwickelte sich ganz überwiegend durch das Werk Freuds, doch hat Freud selbst im Laufe ihrer Entfaltung seine Formulierungen mehrfach abgeändert, Begriffe revidiert und dem therapeutischen Verfahren neue Dimensionen hinzugefügt. Auch in der Zeit nach Freud entwickelte sich die Psychoanalyse vergleichbar weiter. Wenn man somit von diesem oder jenem Aspekt der Psychoanalyse spricht, so muß man ihn gleichsam mit dem Datum versehen; dabei ist es dienlich, die Geschichte der Psychoanalyse in eine Anzahl von Phasen zu gliedern (nach Rapaports Vorschlag, 1959) und mit den frühen Arbeiten Freuds zu beginnen.

Als Freud 1881 sein Medizinstudium in Wien abgeschlossen und danach eine Zeitlang als Physiologe in Meynerts Laboratorium gearbeitet hatte, reiste er nach Frankreich, um bei dem hervorragenden Neurologen Charcot zu studieren. Dort beschäftigte ihn besonders der Vergleich, den Charcot zwischen dem Phänomen hypnotisch hervorgerufener psychischer Dissoziation einerseits, und der Dissoziation des Psychischen in einen bewußten und einen unbewußten Teil bei Patienten mit grob hysterischen Symptomen andererseits angestellt hatte. Charcot und andere französische Psychiater, insbesondere Janet, führten diese Dissoziation auf eine angeborene oder erworbene Schwäche des Nervensystems zurück, die gewissermaßen den Zusammenhalt des Psychischen in einem Stück nicht gestattete. Nach Wien zurückgekehrt begann Freud mit dem Arzt Joseph Breuer zusammenzuarbeiten, der einige Jahre zuvor die Entdeckung gemacht hatte, daß eine Patientin mit hysterischen Symptomen sich besserte, wenn sie unter Hypnose sich frei aussprechen konnte. Während der Arbeit mit Breuer und im Anschluß daran gelangte Freud zu der Überzeugung, daß der Vorgang einer Dissoziation in bewußte und unbewußte Anteile des Psychischen nicht auf die Psychoneurosen beschränkt, sondern bei jedermann anzutreffen sei. Er führte das Auftreten neurotischer Symptome auf einen Durchbruch aufgestauter unbewußter Kräfte zurück, denen adäquate Abfuhr auf anderen Wegen verwehrt war. Freud betrachtete die Dissoziation als einen *aktiven* Vorgang, als einen Abwehrvorgang, mittels dessen das Bewußtsein vor der Überwältigung durch peinliche und bedrohliche Gefühle geschützt wird. Die These vom aktiven Charakter des Dissoziationsvorgangs ist in dieser oder jener Formulierungsweise ein zentraler Gesichspunkt in der psychoanalytischen Literatur geblieben, wenn auch Freud und andere zu verschiedenen Zeiten unterschiedliche inhaltliche Aspekte des dissoziierten, unbewußten Anteiles der Psyche hervorheben. Zu Anfang, besonders während seiner frühen Arbeiten mit Breuer, war Freud der Ansicht, der abgewehrte unbewußte Inhalt bestehe aus affektbesetzten Erinnerungen an ein reales traumatisches Ereignis. In dem zusammen mit Breuer verfaßten Buch — den bekannten *Studien über Hysterie* (1895) — wird die Auffassung vorgetragen, den Symptomen des neurotischen Patienten lägen *reale* traumatische Ereignisse zugrunde. Es wurde eine »Affektladung« postuliert, die durch das traumatische Erlebnis hervorgerufen sei. Diese werde zusammen mit der Erinnerung an das traumatische Ereignis aktiv vom Bewußtsein dissoziiert und könne durch Umwandlung in Symptome ihren Ausdruck finden. Auf dieser Auffassung gründend bestand die Behandlung in verschiedenartigen Versuchen, den vergessenen Erinnerungen die Rückkehr ins Bewußtsein zu bahnen und zugleich eine Affektabfuhr in Form von Katharsis oder Abreaktion herbeizuführen.

Als *erste Phase* der Psychoanalyse kann man den Zeitraum ansetzen, der bei der Zusammenarbeit Freuds mit Breuer beginnt und dessen Ende 1897 durch die Entdeckung Freuds markiert wird, daß viele angebliche Erinnerungen an traumatische Erlebnisse, insbesondere Verführungen, von denen die hysterischen Patienten berichteten, in Wirklichkeit keine Erinnerungen an Realereignisse waren, sondern Schilderungen von Phantasien (Freud, 1887—1902).

Die *zweite Phase* dauerte von dem Zeitpunkt, als Freud die Traumatheorie der Neurose aufgab, bis in die frühen zwanziger Jahre, als er das sogenannte Strukturmodell der Psychoanalyse entwarf (Freud, 1923). Diese zweite Phase ist gekennzeichnet durch die Abkehr vom anfänglichen Interesse für Realereignisse (die traumatische Situation) und durch die Zuwendung zu unbewußten inneren Wünschen, Regungen und Trieben sowie der Art und Weise, in der sich diese Impulse an der Oberfläche bemerkbar machen. In dieser Zeit entwickelte sich die Auffassung, daß die unbewußten Wünsche weitgehend sexueller Art seien. Es war dies die Phase, in der sich die Aufmerksamkeit vorwiegend auf das von innen Kommende richtete, darauf wie Kindheitsreaktionen sich in der Gegenwart ständig wiederholten, und auf das Studium dessen, was man die Übersetzerarbeit des Analytikers nennen könnte, Übersetzung des vom Patienten bewußt Angebotenen in dessen unbewußte Bedeutung. Ziel der Psychoanalyse war für Freud »Unbewußtes bewußt zu machen«. Wie in Anbetracht der unausweichlichen Pendelbewegung der Theorieentwicklung nicht anders zu erwarten, erfolgte in dieser Phase ein radikaler Übergang von der Untersuchung der Beziehungen zur realen Außenwelt zur Untersuchung der Beziehungen zu den unbewußten Wünschen und Trieben. Die meisten technischen Begriffe, die wir in diesem Buch detailliert behandeln wollen, haben in dieser zweiten Phase der Psychoanalyse ihre erste Gestalt gewonnen.

Im Jahre 1900 veröffentlichte Freud *Die Traumdeutung*. Seine Untersuchung des Traums veranschaulichte, wie er sich den Weg vorstellte, auf dem unbewußte Wünsche zur Oberfläche dringen. Der Drang solcher Wünsche nach unmittelbarem Ausdruck schafft eine *Konfliktsituation* mit der Realitätsbeurteilung und den Idealen der Person. Dieser Konflikt zwischen Triebkräften einerseits und den auf den Plan gerufenen Verdrängungs- oder Abwehrkräften andererseits führt zu Kompromißbildungen, die Versuche darstellen, den unbewußten Wünschen eine Erfüllung in verborgener Form zu ermöglichen. Der *manifeste Trauminhalt* ließ sich somit als »zensierte« oder entstellte Erfüllung eines unbewußten Wunsches verstehen. Ähnlich konnten auch die freien Einfälle des Analysanden als entstellte Abkömmlinge unbewußter Wünsche betrachtet werden.

Wie in der ersten nahm Freud auch in der zweiten Phase an, daß es im Psychischen — dem »seelischen Apparat« — einen bewußten und einen umfangreichen unbewußten Bereich gibt. Freud unterschied in diesem Zusammenhang zwei Arten des Unbewußten. Die eine Art, respräsentiert als ein »System« — das *Unbewußte* (*Ubw*) — enthält die Triebe und Triebwünsche, die dann, wenn ihnen der Zugang zum Bewußtsein gestattet würde, eine Gefahr bildeten, eine Bedrohung, die Angst und andere Unlustgefühle hervorriefe. Die Regungen des *Unbewußten* wurden als ständig nach Abfuhr drängende Kräfte aufgefaßt, denen jedoch nur Ausdruck in zensierter oder entstellter Form gestattet wird. Die andere Art des Unbewußten, das als *vorbewußtes* System (*Vbw*) bezeichnet wurde, enthält Gedanken und Kenntnisse, die zwar nicht dem Bewußtsein angehören, aber nicht den Gegenkräften der Verdrängung unterliegen wie die ins Unbewußte verwiesenen Inhalte. Vorbewußte Inhalte können zur gegebenen Zeit ins Bewußtsein treten; sie können einerseits zu rationalen Aufgaben benützt werden, andererseits aber auch von Wünschen aus dem Unbewußten bei dem Bestreben, sich einen Zugang zum Bewußtsein zu erzwingen, in Anspruch genommen werden. Das Modell des seelischen Apparates in der zweiten Phase ist allgemein als »topisches« Modell bekannt; die Stellung des Systems *Vorbewußt* lag darin zwischen dem System *Unbewußt* und dem Bewußtsein (der Qualität des Systems *Bewußt*).

Freud betrachtete die Triebe als »Energien«, die verschiedenartige seelische Inhalte besetzen konnten. Für die sexuelle Energie der Triebe benützte er den Begriff *Libido*, und obwohl er später der Aggression einen der Sexualität gleichrangigen Status gab, prägte er für die ›Aggressionsenergie‹ keinen entsprechenden Begriff. Die hypothetische Triebenergie kann seelische Inhalte der einen oder der anderen Art besetzen. Im *Unbewußten* sind diese Energien als von Inhalt zu Inhalt frei verschiebbar gedacht; sie folgen dabei dem sogenannten *Primärvorgang*. Zwischen den Elementen des *Unbewußten* gibt es keine logischen oder formalen Beziehungen, es gelten lediglich einfache und primitive Assoziationsregeln, und es ist kein Zeitbewußtsein vorhanden. Triebe und Triebwünsche folgen dem »Lustprinzip«, will sagen, sie drängen um jeden Preis nach Abfuhr, Befriedigung und Lösung unlustvoller Spannung. Die Systeme Vorbewußt und Bewußt stehen in einem direkten Gegensatz dazu. Hier sind Logik, Vernunft (Sekundärvorgang), Wissen um die äußere Realität und um Ideale und Verhaltensnormen vorherrschend. Im Gegensatz zum *Unbewußten* können die Systeme Vorbewußt und Bewußt der äußeren Realität Rechnung tragen (oder zumindest es versuchen); sie folgen dem, was Freud als das »Realitätsprinzip« bezeichnete. Es ist somit unvermeidlich, daß sich Konfliktsituationen einstellen — etwa zwischen den ins *Unbewußte* verdrängten primitiven sexuellen Wünschen und den ethisch-moralischen Haltungen der Person — und dann nach irgendeiner Lösung gesucht wird, die den beiden gegensätzlichen Kräften Rechnung trägt.

Bisher haben wir Triebe und Triebwünsche so dargestellt, als handle es sich dabei um etwas, das in relativer Isolation gegeben sei. In Freuds Auffassung war dies jedoch keineswegs der Fall. Sie besagte vielmehr, daß sich die Triebe schon von früher Kindheit an auf bedeutsame Figuren in der Welt des Kindes richten — auf »Objekte«, wie die unpersönliche und wohl etwas unglückliche Bezeichnung lautet, die Analytiker für diese gefühlsmäßig so bedeutsamen Figuren verwenden. Zu jedem unbewußten Wunsch gehört ein Objekt, und ein und dasselbe Objekt kann auch Gegensatz ganz entgegengerichteter Wünsche sein, wie etwa in dem typischen Falle, wo Liebes- und Haßgefühle sich auf dieselbe Person richten. Dies stellt schon in sich eine wichtige Konfliktquelle dar, nämlich den Konflikt der *Ambivalenz.* Freud war der Ansicht, daß in den späteren Beziehungen der Erwachsenen infantile Bindungen und Konflikte wiederholt werden (häufig auf ganz verborgene Weise), und daß diese Tendenz zur Wiederholung oft an der Wurzel vieler Schwierigkeiten zu finden war, die seine Patienten zu ihm brachten.

Von den frühen Konflikten der Kindheit, die in der Analyse rekonstruiert werden konnten, wurde eine Konstellation als universell betrachtet, der Ödipuskomplex, bei dem das Kind im Alter von etwa vier bis fünf Jahren mit seinen Wünschen und Objektbeziehungen in einen Konflikt intensivster Art gerät. Im wesentlichen geht es um den Wunsch des kleinen Jungen, mit seiner Mutter zu verkehren, sie ganz zu besitzen, und den Vater auf irgendeine Weise aus dem Weg zu räumen, keineswegs selten in Form des Wunsches, daß er sterben möge. Freud zufolge geraten diese Wünsche in Konflikt mit der Liebe zum Vater und weiterhin mit der Angst, daß der Vater ihn abweise oder ihm körperlichen Schaden zufüge — insbesondere mit der Angst, der Vater könne sich rächen, indem er ihn am Genitale schädige, der sogenannten Kastrationsangst. Beim kleinen Mädchen ergibt sich ein ähnliches Bild unter Umkehrung der Rollen der Eltern, doch sind sowohl beim Jungen wie auch beim Mädchen beide Konstellationen vorhanden. Wir finden somit auch beim Jungen einen Wunsch, vom Vater in Besitz genommen zu werden und die Mutter zu beseitigen, eine Folge der angeborenen Bisexualität sowohl beim männlichen als auch beim weiblichen Geschlecht.

Diese Auffassungen vom psychischen Geschehen und der infantilen Sexualität waren das Ergebnis der zweiten Phase, einer Zeit intensiver Erforschung des Schicksals der unbewußten Triebe, insbesondere der Sexualtriebe (1905 a) und ihrer Abkömmlinge. Wir haben sie hier etwas ausführlicher geschildert, weil sie von besonderer Bedeutung für die eingehendere Darstellung der technischen Begriffe ist, die in den weiteren Kapiteln erfolgt. Im Kontext des psychischen Modells der zweiten Phase erscheinen diese Begriffe relativ einfach und unkompliziert. Wie sich aber zeigen wird, haben die Weiterentwicklungen der Gedanken Freuds Komplikationen entstehen lassen.

Die *dritte Phase* begann mit dem Jahre 1923, als eine entscheidende Veränderung in Freuds Konzeptualisierung des seelischen Geschehens stattfand. Unter dem starken Eindruck eines Vorgangs bei seinen Patienten, den er nur als Wirkung eines unbewußten Schuldgefühls verstehen konnte, und wegen einer Reihe von Widersprüchlichkeiten, die sich bei der Verwendung der »topischen« Gliederung des seelischen Apparates in die Systeme Unbewußt, Vorbewußt und Bewußt ergeben hatten, entwickelte er eine Revision des theoretischen Modells. Es ist vielleicht richtiger zu sagen: er entwickelte einen neuen Gesichtspunkt, denn seine älteren Formulierungen wurden durch die neuen nicht gänzlich ersetzt, sondern blieben daneben weiter bestehen. Eine Situation wie diese hatten wir im Sinn, als wir an früherer Stelle auf die Tatsache hinwiesen, daß wir kein konsistentes, zusammenhängendes und voll integriertes theoretisches Modell in der Psychoanalyse besitzen. Aus den angedeuteten Gründen also entwarf Freud 1923 in *Das Ich und das Es* das »Strukturmodell« — die Dreiteilung des seelischen Apparates in die Instanzen Es, Ich und Über-Ich. Seine Auffassung vom Es entsprach in vielen Hinsichten dem, was er zuvor mit dem Begriff des *Unbewußten* konzipiert hatte. Es wird als derjenige psychische Bereich betrachtet, der die primitiven Triebe mit all ihren ererbten und konstitutionellen Elementen umfaßt. Es steht unter der Herrschaft des Lustprinzips und folgt dem Primärvorgang. Durch Reifung und Entwicklung, und infolge der Interaktion mit der Außenwelt erfährt ein Teil des Es eine Verwandlung und wird zum *Ich*. Hauptfunktion dieser letzteren Instanz ist die Aufgabe der Selbsterhaltung und der Erwerb von Mitteln, durch die eine gleichzeitige Anpassung an die Forderungen des Es und der äußeren Realität ermöglicht wird. Es übernimmt die Funktion des Aufschubs der Triebabfuhr und der Kontrolle der Triebe vermittels einer Anzahl von Mechanismen, darunter die Abwehrmechanismen. Die dritte Instanz, das *Über-Ich*, entwickelt sich als eine Art innerer Vorwegnahme oder Niederschlags der frühen Konflikte und Identifizierungen des Kindes, besonders aus der Beziehung zu den Eltern und anderen Autoritätsfiguren. Es ist Träger des Gewissens, auch des als unbewußt angesehenen Gewissens, denn ein großer Anteil des Über-Ichs wie des Ichs und das gesamte Es wurden als unbewußt aufgefaßt.

Man beachte, daß mit der ›Strukturtheorie‹ wiederum eine Akzentverschiebung gegenüber dem stattfand, was die vorangegangene Phase gekennzeichnet hatte. Die Rolle des Ich wird nun als die eines Vermittlers, eines Problemlösers gesehen, der jederzeit und ständig mit den Anforderungen umgehen muß, die vom Es, vom Über-Ich und von der Außenwelt kommen. Um diese oft konflikthaften Anforderungen bewältigen zu können, muß das Ich manchmal die kompliziertesten Kompromisse bilden, wobei diese Kompromisse letztlich zu Symptomen führen können, die zwar für die betreffende Person schmerzlich und belastend sein

mögen, aber doch die bestmögliche Anpassung darstellen, die sie unter den gegebenen Umständen zu leisten vermag. Solche Kompromisse gehen in die Bildung des Charakters und der Persönlichkeit, in die Wahl des Berufs, der Liebesobjekte und in all jene Dinge ein, die die individuelle Besonderheit einer Person ausmachen. Diese Entwicklungsphase der Psychoanalyse dauerte bis zu Freuds Tod im Jahre 1939. Diese Festlegung ist etwas willkürlich, denn das, was wir als *vierte Phase* bezeichnen können, wird durch die Beiträge anderer Analytiker als Freud repräsentiert. Diese hatten schon von der Zeit an, als sich die ersten Kollegen um Freud und sein Werk zusammenfanden und sich mit seinen Auffassungen identifizierten, wesentliche Beiträge zur Theorie und Praxis erbracht.
Eine wichtige Entwicklungslinie innerhalb der vierten Phase der psychoanalytischen Theorie zeichnete sich bereits in Freuds Werk ab, gewann aber einen besonderen Auftrieb durch die Veröffentlichung von Anna Freuds *Das Ich und die Abwehrmechanismen* im Jahre 1936 und Heinz Hartmanns *Ich-Psychologie und Anpassungsproblem* im Jahre 1939. Anna Freud machte auf die Rolle der Abwehrmechanismen im normalen seelischen Geschehen aufmerksam und fügte dem Konzept der Abwehr gegen innere Triebregungen das einer Abwehr gegen Gefahren aus der Außenwelt hinzu. Hartmann stellte besonders die vorgeformte Entwicklung dessen heraus, was er als die konfliktfreie Sphäre des Ich bezeichnete. Während Freud stets die klinischen und therapeutischen Phänomene sowie die Art und Weise im Blick hatte, wie sich besondere Fähigkeiten und Fertigkeiten in der Person als Mittel zur Konfliktlösung entwickeln, wies Hartmann darauf hin, daß es viele Bereiche normalen Funktionierens gibt, die eine primär eigene Entwicklung nehmen. Was man »Ich-Psychologie« nennt, spiegelt die Interessen vieler Analytiker wider, die das normale ebenso wie das abnorme Funktionieren des Ich ins Zentrum ihrer Aufmerksamkeit rückten. Die einschlägigen Beiträge von Analytikern neben Freud sollen jedoch in diesem Buch überall dort erörtert werden, wo sie in das jeweilige Thema gehören, so daß es sich erübrigt, sie hier besonders darzustellen. Es muß indessen erwähnt werden, daß ein großer Teil der heutigen analytischen Vorstellungen, speziell derjenige Teil, der sich auf die therapeutische Situation bezieht, noch immer fest in der zweiten Phase der Psychoanalyse verwurzelt ist. So ergibt sich die Situation, daß viele Analytiker zur Beschreibung ihrer Patienten gleichzeitig topische (der zweiten Phase zugehörige) Begriffe und solche aus der Strukturtheorie der dritten Phase verwenden, obwohl einige Autoren (etwa Arlow und Brenner, 1964) besondere Mühe darauf verwandten, die heutige psychoanalytische Theorie gänzlich in den Begriffen der Strukturtheorie darzustellen.

2
Die psychoanalytische Behandlungssituation

Die technischen Begriffe, die dazu verwendet werden, den psychoanalytischen Behandlungsprozeß zu beschreiben, zu erklären und zu verstehen, sind zu verschiedenen Zeitpunkten in der Geschichte der Psychoanalyse entstanden. Begriffe, die ihre ursprüngliche Bedeutung im Zusammenhang mit einer bestimmten Phase erhielten, wurden in spätere Phasen übernommen; von den Folgen dieser Übernahme haben wir schon kurz gesprochen und wollen sie später diskutieren. In diesem Kapitel sei versucht, die Entwicklung der psychoanalytischen Behandlungssituation in ihrer Beziehung zu den verschiedenen Phasen der Psychoanalyse zu beschreiben (s. Kap. 1). Die erste Phase (die im wesentlich vor-psychoanalytisch war) dauerte bis 1897, und war wesentlich durch die Anwendung der hypnotischen Methode bei hysterischen Patienten charakterisiert. Als dann auch weitere Patienten behandelt wurden, die an anderen Störungen litten (z. B. Zwangskrankheiten), erkannte Freud, daß seine Methoden auf die »Neuropsychosen« anwendbar seien (die von dann an Neurosen genannt werden). Die Behandlungssituation in der ersten Phase glich im wesentlichen derjenigen, die in der Zeit der hypnotischen Behandlung im Sprechzimmer üblich war (d. h. in einer privaten Sphäre, im Unterschied zu den öffentlichen Demonstrationen von Charcot). Die Situation war so, daß der Patient auf einer Couch lag und der Therapeut hinter dem Patienten sitzend einen hypnotischen Zustand herbeiführte. Später versuchte Freud das Wiedererinnern vergessener Ereignisse ohne Hypnose durch verschiedene Methoden zu fördern. Eine davon war das Auflegen der Hand auf die Stirn des Patienten mit der Suggestion, daß sich dadurch Gedanken einstellen würden, wie es im Falle der Frau P. J. beschrieben wurde (1887–1902). Während solche Behandlungsverfahren dann später durch das »freie Assoziieren« des Patienten ersetzt wurde, blieb die Struktur der Behandlungssituation der ersten Phase bestehen. Freud schrieb 1925: »Meine Patienten mußten ja auch all das ›wissen‹, was ihnen sonst erst die Hypnose zugänglich machte, und mein Versichern und Antreiben, etwa unterstützt durch Handauflegen, sollte die Macht haben, die vergessenen Tatsachen und Zusammenhänge ins Bewußtsein zu drängen. Das schien freilich mühseliger zu sein als die Versetzung in die Hypnose, aber es war vielleicht sehr lehrreich. Ich gab also die Hypnose auf und behielt von ihr nur die Lagerung des Patienten auf einem Ruhebett bei, hinter dem ich saß, so daß ich ihn sah, aber nicht selbst gesehen wurde.« Im Kapitel 1 haben wir beschrieben, wie Freud 1897 die Traumatheorie der Neurose durch eine andere ersetzte, in der die Rolle des Konfliktes über den Ausdruck unbewußter Triebwünsche von zentraler Bedeutung war. Diese Änderung seiner Auffassung fiel mehr oder weniger zusammen mit der technischen Akzentuierung des Enträtselns der Bedeutungen der bewußten Mitteilungen des Patienten, insbesondere seiner Träume, die in den ersten Jahren der zweiten Phase als der wichtigste Teil des Materials des Patienten angesehen wurden.* Die analytische Arbeit Freuds war anfangs weitgehend auf die sorgsame Analyse der Träume gerichtet, wobei der Analytiker durch die Assoziationen des Patienten zu verschiedenen Teilen des erinnerten Traumes unterstützt wurde. Die Traumanalyse bildete die Grundlage für Freuds Verständnis seelischer Prozesse im allgemeinen, wenn auch im weiteren Fortgang zur zweiten Phase das Verständnis über die unbewußten Bedeutungen der Mitteilungen des Patienten ausgedehnt wurde auf seine freien Assoziationen im allgemeinen und zugleich die Analyse der Übertragung, besonders der Übertragungswiderstände, eine wichtige Rolle in der psychoanalytischen Technik gewann. In der zweiten Phase, die bis 1923 dauerte, wurden die eigentlichen psychoanalytischen Behandlungssituationen und die auf sie bezogenen technischen Begriffe entwickelt. Wenn auch in der dritten und vierten Phase wichtige theoretische Veränderungen auftraten, blieb doch die ›klassische‹ psychoanalytische Behandlungssituation im wesentlichen die der zweiten Phase. Zu dem Zeitpunkt, als Freud seine technischen Arbeiten zur Psychoanalyse schrieb (1911 b, 1912 a, 1912 b, 1913 a, 1914 a, 1915 a), war die Behandlungstechnik bereits formalisiert. Es ist erwähnenswert, daß damals vom Patienten erwartet wurde, daß er an sechs Tagen der Woche zu je einstündigen Sitzungen erschien.

Das »Grundmodell der Psychoanalyse« (Eissler, 1953) läßt sich folgendermaßen beschreiben: Der Patient besitzt in der Regel verhältnismäßig wenig persönliche Informationen über den Psychoanalytiker. Der Analytiker versucht, diesen Bereich relativer Unkenntnis seitens des Patienten beizubehalten, ermuntert ihn jedoch, so frei wie möglich seine Gedanken zu berichten, wie sie ihm während der täglichen Sitzungen in den Sinn kommen. In Großbritannien und in vielen anderen Ländern dauert diese tägliche Sitzung 50 Minuten und findet fünfmal in der Woche statt.

---

* Manche Analytiker betrachten auch heute noch die Träume als ihr wichtigstes Quellenmaterial, und für alle Analytiker besitzen sie eine besondere Bedeutung.

Die Beiträge des Psychoanalytikers beschränken sich normalerweise auf Fragen, die zur Erhellung des Materials dienen und auf *Deutungen*, *Konfrontationen* und *Rekonstruktionen* (s. Kapitel 10), die die wichtigsten therapeutischen Interventionen darstellen. Im Verlauf seiner Assoziationen beginnt dann der Patient bestimmte Themen zu vermeiden und gegenüber dem Mitteilen bestimmter Gedanken sowie gegenüber der psychoanalytischen Behandlung *Widerstände* (s. Kap. 7) zu zeigen. Der Analytiker erwartet, daß in dem vom Patienten produzierten Material früher oder später offene oder verhüllte Hinweise auf Gedanken und Gefühle über die Person des Analytikers auftauchen, die dann die Qualität einer Realitätsentstellung annehmen, die als *Übertragung* bezeichnet wird (s. Kap. 4 u. 5). Solche Entstellungen sind Ergebnis der Modifizierung gegenwärtiger Wahrnehmungen und Gedanken des Patienten durch die Hinzufügung spezifischer Komponenten, die aus vergangenen Wünschen, Erlebnissen und Beziehungen stammen. Man unterscheidet oft solche Übertragungsphänomene von der Arbeitsbeziehung, die sich zwischen Patient und Analytiker entwickelt und die unter anderem auf dem Wunsch des Patienten nach Heilung und Mitarbeit in der Behandlung begründet ist. Das *Behandlungsbündnis* (s. Kap. 3) enthält als wesentlichen Anteil die Motivation des Patienten zur Fortsetzung der Analyse ungeachtet seiner eigenen Widerstände. Manchmal bringt der Patient Gefühle aus Vergangenheit und Gegenwart nicht in Gestalt verbaler Mitteilungen, sondern in Form von Verhaltensweisen und Handlungen, die auch außerhalb des Behandlungszimmers in einer Verschiebung zum Ausdruck kommen können. Gewöhnlich wird dies als Anteil des *Agierens* angesehen (s. Kap. 9).
Zu den Anforderungen des psychoanalytischen Verfahrens an den Analytiker gehören natürlich auch seine bewußten Bemühungen um Verständnis des Materials des Patienten, das er für seine Interventionen benötigt. Zusätzlich ist er mit der Notwendigkeit konfrontiert, seine eigenen Reaktionen auf den Patienten zu prüfen, um zu versuchen, seine eigenen Verständnisschwierigkeiten gegenüber der Bedeutung dessen, was der Patient mitteilt, zu erkennen. Dieses Selbstprüfen versetzt ihn auch in die Lage, mittels Reflektion der eigenen emotionellen Reaktionen auf den Patienten weitere Einsichten in das zu gewinnen, was im Patienten vor sich geht. Diese Aspekte der Reaktionen des Analytikers werden als *Gegenübertragung* (s. Kap. 6) aufgefaßt. Wenn der Patient in der Lage ist, eine Erkenntnis der Zusammenhänge zwischen seinen bewußten und unbewußten Tendenzen und zwischen Gegenwart und Vergangenheit zu gewinnen und beizubehalten, bezeichnet man dies als Erwerb einer bestimmten *Einsicht* (s. Kap. 10).

Die Deutungen des Analytikers sind auch dann, wenn sie für die Einsicht des Patienten förderlich erscheinen, nicht immer unmittelbar so wirksam, daß sie eine signifikante Veränderung im Patienten hervorrufen. Es ist eine Zeit für das *Durcharbeiten* (s. Kap. 11) notwendig, während der die Ausfächerung der Deutungen und des von ihnen angesprochenen Materials erkundet und erweitert wird.
Gelegentlich kommt es vor, daß ein Patient, der anscheinend sichtliche Fortschritte gemacht hat, so etwas wie einen paradoxen Rückfall haben kann. Dies kann Ausdruck einer *negativen therapeutischen Reaktion* (s. Kap. 8) sein, die gewöhnlich auf die Wirkung eines unbewußten Schuldgefühls zurückgeführt wird (Freud, 1923) und sich auf die Bedeutung bezieht, die die Wahrnehmung von Besserung für den Patienten besitzt.
Es ist offensichtlich, daß die ›Modellsituation‹, wie sie hier beschrieben ist, nicht für jede psychoanalytische Behandlung gilt und daß besondere Veränderungen des technischen Verfahrens eingeführt werden. Man hat diese als »technische Parameter« (Eissler, 1953) bezeichnet, doch die Einführung solcher ›Parameter‹ wird vom Gesichtspunkt des Grundmodells der Psychoanalyse aus als eine vorübergehende Maßnahme betrachtet. In dieser Hinsicht grenzen sich die psychoanalytischen Methoden von anderen Formen der Psychotherapie ab, bei denen solche Parameter ausgiebig verwendet werden. Abwandlungen der psychoanalytischen Technik mit dem Ziel, sie auch auf andere Störungsarten anwendbar zu machen, sind während der vierten Phase der Psychoanalyse zunehmend hervorgetreten.
Die knappe und vereinfachte Darstellung, die in den ersten beiden Kapiteln gegeben wurde, ist als Einführung zu der detaillierteren Untersuchung einiger technisch-therapeutischer Begriffe gedacht, die bereits genannt wurden. In den nun folgenden Kapiteln behandeln wir die historischen Schicksale eines jeden Begriffes innerhalb des therapeutischen Bezugsrahmens der Psychoanalyse. Wir wollen auch die Doppel- und Mehrfachbedeutungen innerhalb dieses Rahmens prüfen und untersuchen, bis zu welchem Grade solche Begriffe zur Verwendung in Situationen geeignet sind, die von der klassischen psychoanalytischen Behandlung abweichen.

Therapeutische Regression

Ein Merkmal des psychoanalytischen Prozesses, das besondere Erwähnung verdient, ist das Auftreten des Phänomens der Regression. Während der Begriff »Regression« in der psychoanalytischen Theorie in mehrfachem Sinne verwendet worden ist, geht es uns in diesem Buch um eine spezielle Bedeutung des Begriffs, nämlich das Auftauchen vergangener, oft infantiler Tendenzen in Zusammenhängen, in denen solche Tendenzen ein Wiederauftreten von Funktionsweisen repräsentieren, die aufgegeben oder modifiziert worden waren. Regression dieser Art scheint ein charakteristischer Teil des analytischen Prozesses zu sein, aber die gleichen Phänomene sind auch außerhalb der Analyse zu beobachten. Wir brauchen nur daran zu erinnern, wie ein Kleinkind die erworbene Sauberkeit in Belastungssituationen wie etwa nach der Geburt eines Geschwisters wieder aufgibt, oder wie Kinder oder auch Erwachsene sich anklammern und Ansprüche stellen, wenn sie hospitalisiert werden. Solche Regressionen, die jeden Teil der Person und ihrer Funktionen ergreifen können, mögen vorübergehend oder mehr dauerhaft, leicht oder schwer sein. Regressionen dieser Art sind in kritischen Phasen der persönlichen Entwicklung zu erwarten, und wenn sie nicht ungewöhnlich lange andauern oder schwerwiegender Art sind, müssen sie als normal betrachtet werden (Anna Freud, 1965).

In der psychoanalytischen Behandlung besteht eine Funktion der Situation darin, daß sie die Regression gestattet oder erleichtert. Regressive Tendenzen sieht man am deutlichsten dann, wenn sich Übertragungsphänomene entwickeln durch das Wiederauftauchen von Kindheitswünschen, Gefühlen, Beziehungsformen, Phantasien und Verhaltensweisen gegenüber der Person des Analytikers. Die Regression ist zwar einerseits ein wichtiges Mittel, bedeutsame Daten der Vergangenheit auf überzeugende und sinnvolle Weise zutage zu fördern, doch manchmal nimmt sie auch einen hinderlichen und störenden Charakter an. Dies ist besonders dort der Fall, wo sie so intensiv oder andauernd wird, daß der Patient nicht mehr in der Lage ist, die Fähigkeit zur Selbstbeobachtung wiederzuerlangen, die ja einen notwendigen Teil des Behandlungsbündnisses darstellt (s. Kap. 3).

Zum Beispiel kommt es im Verlaufe einer Analyse recht häufig vor, daß der Patient zu einem bestimmten Zeitpunkt in zunehmendem Maße vom Analytiker Beweise von Liebe, Zuneigung und Wertschätzung verlangt. Die Art und Weise wie dies geschieht, kann zu einer wichtigen Quelle für das Verständnis der frühen Beziehung zwischen dem Patienten und beispielsweise seiner Mutter werden, die als versagend oder unzugänglich erlebt wurde. Solche Informationen können ein wesentliches Material für das Verständnis der gegenwärtigen Schwierigkeiten und Probleme des Patienten darstellen. Wenn jedoch eine solche Anspruchshaltung zum Mittelpunkt der Mitteilungen des Patienten an den Analytiker wird und dieser nicht in der Lage ist, diese Tendenz durch geeignete Deutungen oder andere Interventionen umzukehren, so kann die Möglichkeit einer Fortsetzung der analytischen Arbeit beeinträchtigt und in manchen Fällen sogar verlorengehen. Dies zeigt sich in bestimmten Sonderformen der Übertragung (s. Kap. 5).

Eine Reihe von Autoren hat auf die Bedeutung der Fähigkeit hingewiesen, innerhalb und außerhalb der analytischen Situation zu regredieren. Kris (1952) zum Beispiel erörterte die Bedeutung der Fähigkeit zu kontrollierter und temporärer Regression im Bereich künstlerischer Kreativität. Winnicott (1954) und Balint (1934, 1965, 1968) haben die Bedeutung der Regression des Patienten als Mittel hervorgehoben, einen Zugang zu sonst nicht zugänglichem Material zu gewinnen. Balint nannte dies »Regression im Dienste der Progression«. Es hat den Anschein, daß Analytiker in unterschiedlichem Maße (bewußt oder unbewußt) bei ihren Patienten regressive Tendenzen stimulieren.

3
Das Behandlungsbündnis

In den vergangenen Jahren haben die Psychiatrie und andere Disziplinen in steigendem Maße ihre Aufmerksamkeit auf die Beziehung zwischen Patient und Arzt gerichtet, und es wurden psychoanalytische Begriffe dazu benützt, um verschiedene Aspekte dieser Beziehung zu formulieren. Ein Begriff, der recht häufig aus seinem ursprünglichen Zusammenhang herausgelöst und anderorts verwendet wurde, ist der der *Übertragung*. Er wird häufig in einer Vielzahl von Bedeutungen lose gebraucht und ist sogar als Synonym für ›Beziehung‹ in einem allgemeinen Sinne verwendet worden. Wir werden den Begriff der Übertragung in den Kapiteln 4 und 5 behandeln.

In der psychoanalytischen Theorie der Technik wurde immer zwischen der »eigentlichen Übertragung« und einem anderen Aspekt der Beziehung des Patienten zu dem Arzt unterschieden, der in den letzten Jahren als das »therapeutische Bündnis«, »Arbeitsbündnis« oder »Behandlungsbündnis« (Zetzel, 1956; Loewald, 1960; Stone, 1961, 1967; Gitelson, 1962; Tarachow, 1963; Greenson, 1957, 1965 a; Friedman, 1969) bezeichnet wurde. Der Begriff wird im Zusammenhang mit der psychoanalytischen Behandlungssituation verwendet, um Aspekte dessen zu kennzeichnen, was vielen als der »Behandlungsvertrag« (Menninger, 1958) zwischen dem Patienten und seinem Arzt bekannt ist. Im wesentlichen handelt es sich dabei um das, was als der »nicht-neurotische, rationale, vernünftige Rapport, den der Patient mit seinem Analytiker hat und der ihn in die Lage setzt, in der analytischen Situation sinnvoll zu arbeiten«, definiert wurde (Greenson und Wexler, 1969). Die weitere Entwicklung dieses Gedankens hat dazu geführt, daß weit mehr darunter gefaßt wurde als der bewußte Wunsch des Patienten nach Besserung, ein Punkt, auf den wir später zurückkommen werden. Im Hinblick auf die psychoanalytische Situation ist betont worden, daß das Erkennen des Unterschiedes zwischen »Behandlungsbündnis« und anderen Aspekten der Patient-Analytiker-Interaktion (etwa der Übertragung) zu einem besseren Verständnis der Vorgänge führt, die in dieser Situation auftreten, besonders derer, die beim therapeutischen Mißerfolg eine Rolle spielen. Für die Psychoanalyse wie für andere Behandlungsmethoden ist die Beurteilung der Fähigkeit, ein Behandlungsbündnis zu entwickeln, in jenem Stadium relevant, in dem eine Entscheidung über die geeignete Behandlungsform getroffen werden muß.

Die Absicht dieses Kapitels ist es, den Begriff des Behandlungsbündnisses zu prüfen wie er innerhalb der Psychoanalyse entwickelt wurde, und seine Anwendbarkeit außerhalb der Behandlungssituation zu erörtern.
Der Gedanke eines Behandlungsbündnisses hatte in der Psychoanalyse seinen Ursprung in Freuds technischen Schriften, wenn er auch von Freud selbst nicht als spezielles Konzept dargestellt wurde. Ursprünglich gehörte er zum allgemeinen Übertragungsbegriff, den Freud zu jener Zeit in Übertragung positiver Gefühle einerseits und negative Übertragungen auf der anderen Seite aufgegliedert hatte (Freud, 1912 a). Positive Übertragungen wurden weiter differenziert nach Übertragungen freundlicher oder zärtlicher Gefühle (derer sich der Patient bewußt ist) und Übertragungen, die die Wiederkehr, möglicherweise in entstellter Form, von erotischen Beziehungen in der Kindheit repräsentierten. Die letzteren werden normalerweise nicht erinnert, sondern vielmehr vom Patienten in bezug auf die Person des Psychoanalytikers wiedererlebt (s. Kap. 4, 5 und 9). Solche positiven Übertragungen können sich zusammen mit den negativen Übertragungen zu einem Widerstand gegenüber der Behandlung entwickeln (s. Kap. 6). Über die freundliche und zärtliche Komponente der positiven Übertragung wurde gesagt, sie sei »in der Psychoanalyse ebenso die Trägerin des Erfolgs wie bei anderen Behandlungsmethoden«.
In einer nachfolgenden Arbeit (Freud, 1913 a) wurde auf die Notwendigkeit hingewiesen, eine »leistungsfähige Übertragung« herzustellen, ehe die volle Arbeit der Psychoanalyse beginnen könne. Freud meinte, es sei notwendig zu warten, »bis sich eine leistungsfähige Übertragung, ein ordentlicher Rapport, bei dem Patienten hergestellt hat. Das erste Ziel der Behandlung bleibt, ihn an die Kur und an die Person des Arztes zu attachieren.« Die wesentliche Unterscheidung, die Freud zu diesem Zeitpunkt vornahm, war die zwischen der Fähigkeit des Patienten zu freundlichem Rapport und Attachement an den Arzt einerseits und andererseits dem Auftauchen von wiederbelebten Gefühlen und Einstellungen während der Behandlung, die zu einem Hindernis für den therapeutischen Fortschritt werden konnten. Die Tatsache, daß Freud den Begriff »Übertragung« für beide Aspekte verwendet, hat in der nachfolgenden Literatur zu Verwirrung geführt und dazu beigetragen, daß der Begriff »positive Übertragung« dazu benützt wurde, Aspekte dessen zu kennzeichnen, was wir hier das Behandlungsbündnis genannt haben.*

* Die Bildung des Begriffs Behandlungsbündnis als etwas, das von der Übertragung abzuheben ist (d. h. der »freundlichen« Übertragung), kann vermutlich mit der Entwicklung dessen verknüpft werden, was unter der Bezeichnung »Ich-

Der Begriff eines Behandlungsbündnisses ist in zwei Arbeiten von Richard Sterba (1934, 1940) enthalten, der darauf hinwies, daß der Psychoanalytiker beim Patienten jene Elemente, die sich auf die Realität beziehen, trennen muß von anderen, die dies nicht tun. Die realitätsbezogenen Elemente erlauben es dem Patienten, sich mit den Zielen des Therapeuten zu identifizieren, ein Vorgang, den Sterba als notwendige Bedingung für eine erfolgreiche psychoanalytische Behandlung betrachtete. Dies geht mit einer Äußerung Freuds (1933) überein, für eine erfolgreiche Behandlung sei es notwendig, daß der Patient seine Fähigkeit nützen müsse, sich selbst so zu beobachten als sei er eine andere Person. In diesem Zusammenhang sprach Fenichel (1941) vom vernünftigen Aspekt des Patienten und von »rationaler Übertragung«. Wenn man diesem Begriff in der psychoanalytischen Literatur nachgeht, so wird ersichtlich, daß die »freundliche Übertragung«, »leistungsfähige Übertragung«, »realitätsbezogenen Elemente«, »rationale Übertragung« und die selbstbeobachtenden selbstkritischen Fähigkeiten oft so behandelt werden als sei dies alles gleichbedeutend; uns scheint es nützlicher, sie als separate Elemente zu betrachten, die sich unter der allgemeinen Überschrift des Behandlungsbündnisses einordnen lassen.

Einer wichtigen Arbeit von Elisabeth Zetzel (1956) zufolge haben sich psychoanalytische Autoren in zunehmendem Maße mit der Differenzierung des Behandlungsbündnisses von der ›eigentlichen‹ Übertragung befaßt. Eine Tendenz in neueren Publikationen, die sich in den Arbeiten von Greenson (1965 a, 1967) und Greenson und Wexler (1969) widerspiegelt, geht dahin, das Kernstück des Behandlungsbündnisses als in der »realen« oder »nicht übertragungshaften« Beziehung verankert zu betrachten, die der Patient zu seinem Arzt herstellt.

Es scheint gute Gründe dafür zu geben, den Begriff des Übertragungsbündnisses von den anderen Aspekten der Beziehung des Patienten zu seinem Arzt abzuheben, die für sich genommen nicht ausreichen, um eine

---

Psychologie« bekanntwurde. Dieser Aspekt psychoanalytischen Denkens entwickelte sich nach der Formulierung des ›Strukturmodells‹ des psychischen Apparates (Freud, 1923, 1926 a), in dem der Begriff des Ich als organisiertem Teil der Persönlichkeit, der mit der Außenwelt und dem Gewissen (*Über-Ich*) ebenso wie mit den Trieben umzugehen hat, herausgearbeitet wurde. Spätere analytische Autoren (z. B. Anna Freud, 1965; Hartmann, 1937, 1964) haben den Gedanken von Funktionen und Eigenschaften des Ich herausgearbeitet, die relativ unabhängig von den Trieben sind (»autonome Ich-Funktionen«). Vieles, was über den Begriff des Behandlungsbündnisses in seinen verschiedenen Formen geschrieben wurde, impliziert solche »autonomen« Funktionen und Einstellungen.

tragfähige Grundlage für die psychoanalytische Behandlung zu bilden. Dazu gehört die Wiederbelebung zärtlicher oder sexueller Gefühle, die ursprünglich auf eine wichtige Figur in der Vergangenheit des Patienten gerichtet waren und sich im Extremfall so äußern, daß sich der Patient in den Therapeuten verliebt. Sie umfassen auch die Idealisierung des Therapeuten, bei der er als ein vollkommenes oder überragend befähigtes Wesen angesehen wird — eine Idealisierung, die hintergründige feindselige Gefühle verdecken mag und die zusammenbrechen kann (oft auf recht dramatische Weise), wenn der Patient sich getäuscht fühlt oder die feindseligen Gefühle zu stark geworden sind. Die Fähigkeit zur Entwicklung eines Behandlungsbündnisses jedoch scheint auf Eigenschaften zu beruhen, die zu einem relativ stabilen Teil des Individuums geworden sind. Wohl trifft es zu, daß diese Qualitäten genetisch auf erfolgreiche Beziehungsaspekte der frühen Entwicklung des Kindes zurückgehen; sie scheinen jedoch in beträchtlichem Maße unabhängig von jenen Gefühlen und Einstellungen zu sein, die sich als »Übertragung« begrifflich fassen lassen. Das Behandlungsbündnis kann somit als etwas aufgefaßt werden, das »sich auf den bewußten oder unbewußten Wunsch des Patienten nach Kooperation begründet und auf seine Bereitschaft, die Hilfe des Therapeuten bei der Bewältigung innerer Schwierigkeiten anzunehmen. Dies ist nicht dasselbe wie das Eingehen einer Behandlung lediglich auf der Grundlage von Lustgewinn oder einer anderen Form von Gratifikation. Im Behandlungsbündnis wird das Bedürfnis, mit inneren Problemen umzugehen, *akzeptiert*, und die analytische Arbeit trotz innerer oder (besonders bei Kindern) äußerer (z. B. familiärer) Widerstände durchgeführt« (Sandler et al., 1969).

Offensichtlich muß man zu diesem Begriff auch das heranziehen, was Erikson als »Urvertrauen« bezeichnet hat (1950), eine Haltung gegenüber Menschen und der Welt im allgemeinen, die in den Sicherheitserlebnissen des Säuglings während der ersten Lebensmonate begründet ist. Ein Fehlen dieses »Urvertrauens« wird als Ursache dafür angesehen, daß bestimmte Psychotiker und andere Patienten, die in ihrer Kindheit schwere emotionale Versagungen erlebten, kein wirklich tragfähiges Behandlungsbündnis bilden können. Erikson drückte es folgendermaßen aus (1950): »In der Psychopathologie kann man das Fehlen des Urvertrauens am besten bei schizophrenen Kindern* beobachten; bei Erwachsenen äu-

* Im englischen Originaltext »infantile schizophrenia«; es ist unklar, welche Bedeutung dieser Begriff bei Erikson besitzt. Wir würden uns heute wahrscheinlich auf Kindheitspsychose oder Autismus und auf die schweren Persönlichkeitsprobleme des vielfach-deprivierten Kindes beziehen.

ßert sich ein zu schwach entwickeltes Vertrauen in schizoiden und depressiven Persönlichkeitsbildern. Daher ist in solchen Fällen ein Grunderfordernis der Therapie auch die Herstellung des Vertrauens.«

Wie schon gesagt, darf man das Behandlungsbündnis nicht mit dem Wunsch des Patienten nach Besserung gleichsetzen. Dieser Wunsch trägt zwar sicherlich zum Behandlungsbündnis bei, aber er kann auch unrealistische, sogar magische Erwartungen hinsichtlich der Behandlung beherbergen — für die therapeutische Aufgabe höchst unverläßliche Verbündete. Die Unzuverlässigkeit des Besserungswunsches als einzige Basis des Behandlungsbündnisses wird in der psychoanalytischen Literatur bei Schilderungen jener Fälle deutlich, die die Behandlung abbrechen, sobald eine gewisse Symptombesserung eingetreten ist, und die jegliches Interesse am Auffinden der krankmachenden Faktoren verlieren, wenn die Symptome zurückgegangen oder verschwunden sind. Die Wiederherstellung kann auch eine ›Flucht in die Gesundheit‹ repräsentieren; wenn in solchen Fällen das Behandlungsbündnis allein auf dem Wunsch nach Symptombesserung beruht, dann verbleibt für die Fortführung der analytischen Behandlung keine ausreichende Basis mehr, auch dann nicht, wenn der Patient vielleicht aus seiner eigenen Erfahrung wohl weiß, daß die Besserung seines Leidens nur vorübergehend sein mag. Es hat den Anschein, daß die meisten Elemente, die psychoanalytische Autoren in diesem Zusammenhang nannten (die Fähigkeit, sich selbst so betrachten zu können, wie man einen anderen betrachten würde; die Fähigkeit, ein gewisses Maß an Frustration ertragen zu können; Vorhandensein eines gewissen »Urvertrauens«; Identifizierung mit den Behandlungszielen usw.), zu einem gewissen Grade wesentlich sind.

Besonders zu Beginn der Behandlung mag es schwierig sein, die Fähigkeit des Patienten zur Herstellung und Erhaltung eines Behandlungsbündnisses von positiven Gefühlen gegenüber dem Therapeuten und der Therapie zu unterscheiden, die aus anderen Quellen herrühren. Anscheinende Hochachtung oder sogar Zuneigung zum Therapeuten und anfängliche Behandlungswilligkeit deuten nicht notwendigerweise darauf hin, daß der Patient auch bereit ist, seine Mitarbeit in der Therapie fortzusetzen. Erhellt wird dies durch Fälle, in denen der Patient um Hilfe nachsucht, um einen Angehörigen oder sogar seinen Hausarzt zu beschwichtigen, und durch manche Personen, die sich einer Psychoanalyse als Teil der psychoanalytischen Ausbildung unterziehen (Gitelson, 1954).

In Fällen, wo kein zureichendes Behandlungsbündnis existiert, scheint es wesentlich zu sein, sich ein Urteil darüber zu bilden, a) ob der Patient die Fähigkeit zur Herstellung eines solchen Bündnisses besitzt, und b) ob er genügend entsprechende Motivation entwickeln kann, um ein Behandlungsbündnis von solcher Tragfähigkeit herzustellen, das ihm ermöglicht, die Anstrengungen und Belastungen der Behandlung durchzustehen.

Manche Patienten bleiben auch in Behandlung, weil diese verborgene Wünsche befriedigt (etwa nach Abhängigkeit, nach Beachtung und Liebe, sogar nach masochistischem Leiden). Eine Folge davon ist, daß solche Patienten die analytische Behandlung über viele Jahre fortsetzen, keinerlei Neigung zur Beendigung zeigen, aber auch keine nennenswerte Besserung erkennen lassen. Es ist indessen gleichermaßen möglich, daß ein brauchbares Behandlungsbündnis existiert, wenn der Patient sich eingangs feindselig zeigt. Man denke nur daran, daß es manche Personen gibt, deren Persönlichkeit starke paranoide Züge aufweist, die in hohem Maße ›ohne Vertrauen‹ sind, und die dennoch eine Art von Behandlungsbündnis mit dem Therapeuten herstellen können.

Es muß darauf hingewiesen werden, daß einige psychoanalytische Autoren das Behandlungsbündnis als notwendige Voraussetzung für eine analytische Behandlung verneinen und bereit wären, bei allen Fällen dieselbe Technik anzuwenden. Ein Beispiel dafür ist die von Melanie Klein und ihren Anhängern entwickelte Technik (Segal, 1964; Meltzer, 1967), deren Tendenz es ist, alle Mitteilungen und Verhaltensweisen des Patienten in der Behandlung als Übertragung postulierter infantiler Einstellungen und Gefühle aufzufassen und zu interpretieren. W. Bion, ein Angehöriger der Kleinschen Schule, hat jedoch auf die »Aufgaben-Bezogenheit« in Gruppen verwiesen (1961); man könnte sich vorstellen, daß diese auch einen Aspekt dessen enthält, was wir unter der Bezeichnung »Behandlungsbündnis« besprochen haben. Der Kleinsche Zugang ist als inadäquate und sogar verarmte Konzeptualisierung kritisiert worden (z. B. von Glover, 1945; Joffe, 1969), wenn auch seine Einfachheit und anscheinende ›Tiefe‹ ihn als therapeutisches System attraktiv machen.

Die Behandlung kann natürlich ohne starkes Behandlungsbündnis begonnen werden, wenn auch für gewöhnlich zu Behandlungsbeginn eine Art von therapeutischem »Vertrag« notwendig ist. Ein Behandlungsbündnis kann und sollte sich idealerweise im Verlaufe der Behandlung entwikkeln. Anscheinend besteht auch ein wichtiger Teil der Arbeit des Analytikers darin, die Entwicklung des Behandlungsbündnisses zu unterstützen. Eine solche Unterstützung kann in der Form erfolgen, daß den Mitteilungen des Patienten ein gleichbleibendes und regelmäßiges Setting geboten wird (s. Kap. 2). Sie schließt auch die Deutungen des Analytikers ein, die sich auf die Widerstände des Patienten gegenüber der Entwicklung eines adäquaten Behandlungsbündnisses richten. Ein Beispiel für das letztere wäre eine Deutung, daß der Patient aufgrund seiner Angst vor passiver Unterwerfung es sich nicht gestatten kann, in der analytischen Arbeit voll zu kooperieren. Obwohl dieser Widerstand viele Wurzeln haben mag, manifestiert er sich im Effekt doch als ein Widerstand gegen das Behandlungsbündnis, auch wenn wir ihn strenggenommen als einen Widerstand betrachten können, der etwa gegen die Entwicklung einer homosexuellen Übertragung gerichtet ist (s. Kap. 4, 5, und 7). Ein weiteres Beispiel für Widerstand gegenüber einem adäquaten Behandlungsbündnis wäre der Fall eines Patienten, der große Angst vor der Aufforderung zur Regression hat, die ihm durch die analytische Situation angeboten wird. Die meisten Patienten können zwar mehr oder weniger gut ihre regressiven Tendenzen in der analytischen Situation tolerieren, doch gibt es auch Personen, die fürchten, daß sie dann, wenn sie sich ›gehenlassen‹, völlig infantilisiert würden und die Kontrolle über ihr Denken und Handeln verlieren könnten. Die Deutung der Angst des Patienten kann ihm dazu verhelfen, mit ihr umzugehen und ein angemessenes Behandlungsbündnis zu entwickeln.

Aus dem Gesagten folgt, daß das Behandlungsbündnis nicht als etwas angesehen werden darf, was während der ganzen Behandlung konstant bleibt. Häufig wird es durch Widerstände des Patienten vermindert und durch das Entstehen positiver Gefühle bestärkt. Grobe regressive Manifestationen in der Behandlung können das Behandlungsbündnis gänzlich zerbrechen lassen (Dickes, 1967). Es kann auch geschwächt werden oder sogar schwinden, wenn sich eine »erotisierte« Übertragung entwickelt (s. Kap. 5).

Die Beurteilung der *Fähigkeit* des Patienten zur Bildung eines Behandlungsbündnisses ist von offensichtlicher Bedeutung. So würden etwa die meisten Analytiker keinen Patienten in Analyse nehmen, der schwer psychotisch ist. Dem liegt die Auffassung zugrunde, daß der Patient zu diesem Zeitpunkt nicht die Fähigkeit besitzt, analytisch und konstruktiv mit dem Therapeuten zu arbeiten. Die Behandlung kann jedoch auf die Entwicklung dieser Fähigkeit hin abgestellt werden.*

---

* In der Vergangenheit machten Analytiker oft von einer »Probezeit« der Analyse Gebrauch, nach deren Ablauf eine gemeinsame Entscheidung über die Weiterführung getroffen werden sollte. Diese Entscheidung nach Ablauf der Probezeit orientierte sich zum Teil an dem, was man heutzutage als Fähigkeit des Patienten zur Herstellung des Behandlungsbündnisses bezeichnet. Ähnlich befürwortete Anna Freud (1928) für die Kinderanalyse eine »Einleitungsphase«, während der das Kind mit dem Gedanken der Behandlung vertraut gemacht und eine Bindung mit dem Analytiker hergestellt wird. Die Empfehlung einer voranalytischen Einleitungsphase wurde später aufgegeben. Hoffer sprach von »Verführung des Patienten zur Behandlung« (Mitteilung an J. S.).

Gelegentlich können irrationale Motive die Entwicklung eines Behandlungsbündnisses begünstigen. Beispiel dafür wäre ein Patient mit starker Geschwisterrivalität, der seine Analyse intensiv betreibt, um darin erfolgreicher zu sein als ein ebenfalls in Analyse befindlicher konkurrierender Kollege. Hier bildet die Rivalität des Patienten zwar ein zu analysierendes Material, aber sie kann auch eine Zeitlang den Fortschritt der analytischen Arbeit begünstigen.

Der Begriff des Behandlungsbündnisses läßt sich offenbar leicht und ohne wesentliche Modifizierung über die analytische Situation hinaus anwenden, wenn auch zutrifft, daß bei unterschiedlichen Therapie-»Kontrakten« (um Menningers Ausdruck zu benützen) auch unterschiedliche Behandlungssituationen bestehen. Bei der Unfall-Behandlung eines bewußtlosen Patienten ist kein Behandlungsbündnis erforderlich. Auf der anderen Seite des Spektrums ist es für den Erfolg einer langfristigen Rehabilitationskur von entscheidender Bedeutung. In vielen Behandlungssituationen mag es von Nutzen sein, den Begriff so zu erweitern, daß er auch die Fähigkeiten und Einstellungen der Familie des Patienten oder anderer Umweltinstanzen mit einbezieht. In gleicher Weise wie ein Behandlungsbündnis zwischen Patient und Analytiker notwendig ist, scheint es auch in jenen Situationen vonnöten zu sein, wo der Patient die Last der Behandlung nicht allein zu tragen vermag. Dies gilt insbesondere für die Behandlung von Kindern, wo ein Behandlungsbündnis mit den Eltern des Kindes eine absolute Notwendigkeit darstellt. Ferner ist es im Falle ambulanter Behandlung von psychotischen Patienten notwendig, ein solches »erweitertes« Behandlungsbündnis herzustellen. Dies hat Gültigkeit ganz unabhängig davon, wie die Behandlungsform im einzelnen aussieht, da manchmal die Mitarbeit der Familie des Patienten schon deswegen erforderlich ist, um sicherzustellen, daß er überhaupt zur Behandlung kommt. In solcherlei Situationen wird der Begriff des Behandlungsbündnisses mehr oder weniger gleichbedeutend mit dem der »Kooperationsbereitschaft«.

Die Beurteilung der Befähigung zum Behandlungsbündnis ist bisher noch nicht Gegenstand systematischer Untersuchungen geworden, wenn auch zu diesem Thema und den damit verwandten Problemen der ›Eignung‹ zur Psychoanalyse manches veröffentlicht worden ist (Tyson und Sandler, 1971). Wandlungen in der Einstellung zur Psychohygiene sowie die zunehmende Anerkennung des Grundsatzes der Freiwilligkeit müssen unausweichlich dazu führen, daß diese Beurteilung vermehrtes Gewicht bekommt, nicht nur die der Krankheitseinsicht des Patienten, sondern auch die seiner Fähigkeit zur Bildung eines Behandlungsbündnisses mit dem Therapeuten. Dies gilt besonders für psychotische Patienten und solche, die man in der Vergangenheit als »psychopathisch«, »schwer persönlichkeitsgestört« oder »charaktergestört« bezeichnet hat. Die Beurteilung der Fähigkeit des Patienten zur Bildung eines Behandlungsbündnisses während der Anfangsphase der Arzt-Patient-Interaktion muß eine diagnostische Relevanz für die Schwere der Störung besitzen, und eine prognostische Relevanz dort, wo die Prognose auf die Behandlungsmethode bezogen wird. In jenen Fällen, in denen eine Psychotherapie angezeigt ist, in denen also die klinische Beurteilung der Fähigkeit des Patienten zum Ertragen und Mitarbeiten in einem langfristigen, zeitraubenden und oft schmerzlichen Prozeß von entscheidender Bedeutung ist, dürfte der Begriff des Behandlungsbündnisses oder des Potentials zur Herstellung eines Behandlungsbündnisses wertvoll sein. Es ist somit für den überweisenden Arzt nützlich, zu einem Urteil über die Fähigkeit und Motivation des Patienten zur Entwicklung eines tragfähigen Behandlungsbündnisses zu kommen, das den Behandlungsprozeß unterstützen könnte. Aber selbst in Situationen, wo eine Psychotherapie nicht in Betracht kommt, könnte der Begriff des Behandlungsbündnisses dazu dienen, die Art des Engagements des Patienten an die Behandlungssituation und die Art seiner Beziehung zu den therapeutischen Instanzen in dieser Situation zu beurteilen. So wird sicherlich in der Case-Work-Situation die Sozialarbeiterin unausgesprochen die Art des Behandlungsbündnisses zwischen dem Klienten (oder dem Klienten und seiner Familie) und sich selbst abschätzen. Natürlich wird das Behandlungsbündnis auch von den Erfordernissen der Behandlungssituation und dem Arbeitsstil der betreffenden Institution beeinflußt. So sind zum Beispiel manche Klienten in der Lage, eine Beziehung zu einer Institution beizubehalten, solange regelmäßige Sitzungen angeboten werden, können jedoch ein Behandlungsbündnis nicht mehr aufrechterhalten, wenn die Initiative zu solchen Kontakten ihnen selbst überlassen wird. Spezielle und interessante Probleme ergeben sich in Bewährungsfällen, bei denen die Auflage besteht, regelmäßig den Bewährungshelfer aufzusuchen. Solche erzwungenen Begegnungen können in manchen Fällen das Behandlungsbündnis fördern, in anderen Fällen ein ›Scheinbündnis‹ aufkommen lassen.

Das Problem der Beurteilung des Potentials für ein Behandlungsbündnis ist natürlich allen psychiatrischen und medizinischen Rehabilitationszentren wohlvertraut, wo Arbeit und Prämien so abgestimmt werden müssen, daß Motivation und Engagement am angebotenen Rehabilitationsprogramm optimal gefördert werden.

4 Übertragung

Im vorangegangenen Kapitel behandelten wir Aspekte der Therapeut-Patient-Beziehung unter dem Gesichtspunkt des *Behandlungsbündnisses*. Es wurde darauf hingewiesen, daß dieser Begriff auch einiges einschließt, was gelegentlich als »Übertragung« bezeichnet worden ist. In diesem Kapitel nun sollen weitere Bedeutungen des letzgenannten Begriffs erörtert werden. Aus dem folgenden wird ersichtlich werden, daß man den Begriff der *Übertragung* nur aus der Perspektive seiner historischen Entwicklung erfassen kann, und daß unterschiedliche Schulen oder Richtungen innerhalb der Psychoanalyse die Tendenz haben, unterschiedliche Aspekte der Definition der Übertragung zu akzentuieren. Das Verständnis und die Analyse der Übertragungsphänomene bildet für die Analytiker das Kernstück ihres therapeutischen Verfahrens, und außerhalb der Psychoanalyse hat der Begriff im Bemühen um das Verstehen mitmenschlicher Beziehungen im allgemeinen weitläufige Anwendung gefunden. Wenn man ein Bild von den gegenwärtigen und möglichen künftigen Anwendungen des Begriffs gewinnen will, dann scheint es unumgänglich, zunächst die verschiedenen Bedeutungen zu untersuchen, die dieser Bezeichnung verliehen worden sind.

Freud gebrauchte die Bezeichnung *Übertragung* erstmals, als er seine Versuche schilderte, seine Patienten zum verbalen Assoziieren zu bringen (Freud, 1895). Das Ziel der Behandlungsmethode war, den Patienten in erster Linie mittels seiner Assoziationen und Gefühlserlebnisse die Verknüpfung seiner *gegenwärtigen* Symptome und Gefühle mit seinen *vergangenen* Erlebnissen auffinden zu lassen. Freud war der Auffassung, daß die »Dissoziation« früherer Erlebnisse (und der damit verbundenen Gefühle) vom Bewußtsein einen Hauptfaktor bei der Entstehung der Neurosen bilde. Er bemerkte, daß im Laufe der Behandlung Veränderungen in der Einstellung des Patienten zum Arzte eintraten, und daß diese Veränderungen, die starke emotionelle Komponenten besaßen, eine Unterbrechung im Fortgang des verbalen Assoziierens herbeiführen konnten und sich oft als beträchtliches Hindernis in der Behandlung auswirkten. Er sagte dazu (1895), daß »... die Kranke sich davor erschreckt, daß sie aus dem Inhalte der Analyse auftauchende peinliche Vorstellungen auf die Person des Arztes überträgt. Dies ist häufig, ja in manchen Analysen ein regelmäßiges Vorkommnis«. Diese Gefühle wurden als

»Übertragung« aufgefaßt, die dadurch zustande kommt, daß der Patient eine, wie Freud sich ausdrückte, »falsche Verknüpfung« zwischen einer Person, die Objekt früherer (meist sexueller) Wünsche war, und dem Arzte hergestellt hat. Gefühle, die mit früheren (und aus dem Bewußtsein ausgeschlossenen) Wünschen verbunden waren, tauchen nun auf und werden infolge der »falschen Verknüpfung« als gegenwartsbezogene Gefühle erlebt. Freud sprach in diesem Fall über die Neigung von Patienten, neurotische Bindungen an ihre Ärzte zu entwickeln.

In einer Arbeit, die einige Jahre später erschien (Freud, 1905 b), wurde die Bezeichnung »Übertragung« wiederum im Kontext mit der psychoanalytischen Behandlungssituation verwendet. Freud stellte die Frage: »Was sind die Übertragungen? Es sind Neuauflagen, Nachbildungen von den Regungen und Phantasien, die während des Vordringens der Analyse erweckt und bewußtgemacht werden sollen, mit einer für die Gattung charakteristischen Ersetzung einer früheren Person durch die Person des Arztes. Um es anders zu sagen: eine ganze Reihe früherer psychischer Erlebnisse wird nicht als vergangen, sondern als aktuelle Beziehung zur Person des Arztes wieder lebendig. Es gibt solche Übertragungen, die sich im Inhalt von ihrem Vorbilde in gar nichts bis auf die Ersetzung unterscheiden. Das sind also, um in dem Gleichnisse zu bleiben, einfache Neudrucke, unveränderte Neuauflagen. Andere sind kunstvoller gemacht, sie haben eine Milderung ihres Inhaltes ... erfahren und vermögen selbstbewußt zu werden, indem sie sich an irgendeine geschickt verwertete reale Besonderheit an der Person oder in den Verhältnissen des Arztes anlehnen. Das sind also Neubearbeitungen, nicht mehr Neudrucke«. Bis dahin war die Übertragung als Phänomen der Therapie betrachtet worden, das sich als Hindernis oder »Widerstand« (s. Kap. 7) gegenüber der analytischen Arbeit auswirken konnte. Einige Jahre später bemerkte Freud, daß die Übertragung nicht immer ein Hindernis für die Analyse sei, sondern »daß dieses Phänomen nicht nur für die Überzeugung des Kranken, sondern auch für die des Arztes entscheidend in Betracht kommt«. Dies war sein erster Hinweis auf die Übertragung als therapeutisches Agens. Es muß hier erwähnt werden, daß Freud stets die Übertragungsanalyse als behandlungstechnisches Vorgehen von der »Übertragungsheilung« unterschied, bei welcher der Patient aus Liebe zum Analytiker und dem Wunsch, ihm zu gefallen, sämtliche Symptome aufgibt (1915 a).*

* Die Beziehung der Übertragung zum Widerstand ist in Kap. 7 behandelt. Die »Übertragungsheilung« läßt sich von der »Flucht in die Gesundheit« unterscheiden, die als eine Form von Widerstand zu verstehen ist.

Etwas später wies Freud darauf hin, daß »die Übertragung sich vom Anfang der Behandlung an beim Patienten ergibt und eine Weile die stärkste Triebfeder der Arbeit darstellt« (1916/17). Zu diesem Zeitpunkt scheint Freud eine Anzahl recht unterschiedlicher Phänomene mit dieser Bezeichnung zusammenzufassen, denen allerdings gemeinsam war, daß sie als Wiederholungen früherer Gefühle und Einstellungen in der Gegenwart verstanden wurden. 1912 hatte Freud »positive« und »negative« Übertragungen voneinander unterschieden und die positiven Übertragungen weiterhin danach unterteilt, ob sie sich förderlich oder hemmend auf die therapeutische Arbeit auswirkten. Als negative wurden solche Übertragungen angesehen, bei denen der Patient feindselige Gefühle auf den Analytiker überträgt; die extreme Form davon zeigt die Paranoia, in mäßiger Form findet sie sich gleichzeitig mit positiver Übertragung bei allen Patienten vor. Diese Koexistenz macht es dem Patienten möglich, die eine Seite seiner Übertragung dazu zu benutzen, um sich vor dem beunruhigenden Auftauchen der anderen Seite zu schützen. So mag ein Patient etwa die auf den Analytiker übertragene Feindseligkeit als dasjenige Mittel verwenden, mit dem er positive Übertragungsgefühle fernhält. Hier setzt der Patient seine feindseligen Übertragungsgefühle dazu ein, um sich gegen andrängende und bedrohliche positive (gewöhnlich erotische) Übertragungen zu schützen. Darüber hinaus ist der Aspekt der positiven Übertragung, der »vom Anfang der Behandlung an« sich beim Patienten ergibt, qualitativ verschieden von den erotischen Übertragungen, die sich im Verlauf der Behandlung einstellen (1912 a). Der erstgenannte ist als eine Komponente des Behandlungsbündnisses zu betrachten und wurde bereits im Kapitel 3 behandelt. Freud war der Ansicht, daß die besonderen Merkmale der Übertragung eines Patienten aus der Eigenart seiner Neurose hervorgehen und nicht lediglich dem analytischen Prozeß zuzuschreiben seien, als etwas allen Patienten Gemeinsames (1912 a). Die spezifische Qualität der Übertragung eines Patienten gewann neue Bedeutung, als der Begriff »Übertragungsneurose« gebildet wurde (Freud, 1914 a). Damit wurde die Art und Weise gekennzeichnet, wie die früheren Beziehungen als Komponenten der eigentlichen Neurose auch das vorherrschende Pattern der Gefühle des Patienten gegenüber dem Analytiker gestalten. Der Begriff der »Übertragungsneurose« wurde von Freud (1920) abgewandelt, als er vom Patienten in der Analyse sagte: »Er ist ... genötigt, das Verdrängte als gegenwärtiges Erlebnis zu *wiederholen*, anstatt es, wie der Arzt es lieber sähe, als ein Stück der Vergangenheit zu *erinnern*. Diese mit unerwünschter Treue auftretende Reproduktion hat immer ein Stück des infantilen Sexuallebens ... zum Inhalt und spielt sich regelmäßig auf dem Gebiete der Übertragung, das heißt der Beziehung zum Arzt ab. Hat man es in der Behandlung so weit gebracht, so kann man sagen, die frühere Neurose sei nun durch eine frische Übertragungsneurose ersetzt.«*

Die Wiederholung der Vergangenheit in Gestalt gegenwärtiger Übertragungen betrachtete Freud als Folge des (unrichtig so benannten) »Wiederholungszwanges« (1920).**

Um spätere Entwicklungen in eine Perspektive zu rücken, muß darauf hingewiesen werden, daß Freud den Übertragungsbegriff in jenen Jahren ausarbeitete, als er und seine Anhänger das psychische Geschehen weitgehend in Begriffen der Triebschicksale und der ihnen zugrunde liegenden Energien auffaßte. Sexuelle Wünsche gegenüber einer bedeutsamen Figur der Kindheit erklärte Freud als »Besetzung« der Vorstellungsrepräsentanz dieser Person (des »libidinösen Objekts«) mit sexueller Triebenergie (»Libido«). Bei der Übertragung handelte es sich um eine Verschiebung der Libido von der Erinnerung an das ursprüngliche Objekt auf die Person des Analytikers, der dadurch zum neuen Objekt der sexuellen Wünsche des Patienten wurde, ohne daß sich der Patient dieses Verschiebungsvorgangs von seiner Vergangenheit her bewußt war.

Die zunehmende Bedeutung der Übertragungsanalyse im Verein mit den Fortschritten in der Ich-Psychologie (s. Kap. 1) veranlaßte andere Analy-

---

* Unglücklicherweise ist die Bezeichnung »Übertragungsneurose« bei Freud gleichlautend mit einer Bezeichnung, die er für eine ganze Gruppe von *Störungen* verwandte — für die sogenannten Übertragungsneurosen, d. h. diejenigen Störungen, bei denen Übertragungsphänomene zu beobachten waren. In seinen früheren Schriften hatte er geäußert, daß man diese Übertragungsneurosen von anderen Störungsformen abgrenzen könne, nämlich den »narzißtischen Neurosen«, bei denen Übertragungsphänomene angeblich kaum erscheinen. Diese letztere Gruppe entsprach dem, was wir heute als funktionelle Psychosen bezeichnen. Die meisten Analytiker sind heute der Ansicht, daß Übertragungsphänomene bei Patienten beider Gruppen auftreten. Man muß jedoch hinzufügen, daß Freud der Meinung war, die Übertragungsneurose trete charakteristischerweise in der analytischen Behandlung von Patienten mit einer »Übertragungsneurose« auf, also bei Konversionshysterie, Angsthysterie und Zwangsneurose (1916/17). Mit der Bezeichnung ›Übertragungsneurose‹ sind viele Unklarheiten verbunden (Kepecs, 1966).

** »Wiederholungszwang« ist insofern eine ungeeignete Bezeichnung, weil er für die Beobachtung, daß Menschen zur ständigen Wiederholung früherer (meist kindlicher) Verhaltensmuster neigen, gleichzeitig eine Erklärung mitliefert. Psychoanalytiker haben nicht selten beschreibenden Begriffen den Status von erklärenden Prinzipien verliehen. Darüber hinaus ist die Tendenz zum Wiederholen kein »Zwang« im psychiatrischen Sinne des Wortes.

tiker, den Übertragungsbegriff zum Zwecke besseren Verständnisses klinischer Phänomene zu verfeinern und zu erweitern, und ihn mit den Weiterentwicklungen in der Theorie der Ich-Vorgänge zu integrieren. Die Entwicklungsgeschichte des Übertragungsbegriffs ist ein Musterbeispiel für die Probleme, die sich immer dann einstellen, wenn ein Begriff aus einer früheren Phase der Psychoanalyse in seiner ursprünglichen Form beibehalten wird, während bereits Weiterentwicklungen der Theorie stattgefunden haben. Anna Freud schlug in ihrem Buch *Das Ich und die Abwehrmechanismen* (1936) eine Differenzierung der Übertragungsphänomene vor. Die Übertragung, wie Freud sie formuliert hatte, bildete dabei eine Hauptkategorie; eine weitere Form von Übertragung wurde als »Übertragung von Abwehr« beschrieben. Zu dieser letzteren Kategorie gehört die Wiederholung jener Maßnahmen, die der Patient in seiner Kindheit getroffen hatte, um sich vor den schmerzlichen Folgen seiner infantilen sexuellen und aggressiven Wünsche zu schützen. Ein Beispiel dafür bietet der Patient, der im Verlauf seiner Analyse eine rebellisch-ablehnende Haltung gegenüber dem Analytiker entwickelt; er überträgt dabei eine Haltung, die er in der Kindheit eingenommen hatte, um sich vor Gefühlen von Liebe und Zärtlichkeit zu schützen aus Angst, diese könnten ihn in Gefahr bringen. Eine solche Formulierung erweitert die frühere und einfachere Auffassung Freuds, der zufolge eine solche »defensive« Feindseligkeit nicht als Wiederholung einer Abwehrmaßnahme der Kindheit, als Wiederholung einer Funktionsweise des Ich zu verstehen ist, sondern als Verwendung bestehender feindseliger Gefühle zum Schutze vor den Folgen einer andrängenden positiven Übertragung.
Anna Freud unterschied ferner ein »Agieren in der Übertragung«, bei dem eine Steigerung der Übertragung sich in Handlungen des täglichen Lebens umsetzt. Es können so Gefühle und Wünsche gegenüber dem Analytiker, die im Verlauf der Behandlung aufgetaucht sind, gegenüber anderen Personen aus der Umgebung des Patienten in Szene gesetzt werden. »Agieren in der Übertragung« ist eng mit dem Begriff des *Agierens* verwandt, der in Kapitel 9 behandelt ist.
Gleichzeitig fügte Anna Freud noch eine weitere Kategorie an, die sie als eine Unterform der Übertragung betrachtete, und von der sie meinte, sie solle von der eigentlichen Übertragung getrennt gehalten werden. Es handelt sich dabei um *Externalisierungen*, beispielhaft dargestellt durch den Patienten, der sich schuldig fühlt, aber an Stelle der eigenen Gewissensbisse erwartet, daß der Analytiker ihm Vorwürfe macht. Diese Externalisierung eines Strukturanteils der Persönlichkeit wurde als etwas anderes als die Wiederholung in der Übertragung aufgefaßt, etwa der Wiederholung der Kindheitsbeziehungen eines Patienten gegenüber ei-

nem strafenden Vater. Ein weiteres Beispiel für Externalisierung bietet ein Patient, der die Überzeugung (oder Angst) entwickelt, der Analytiker wolle ihn verführen, wobei sich diese Überzeugung auf eine Externalisierung oder, wie hier, auf die als »Projektion« bekannte besondere Form der Externalisierung der eigenen sexuellen Wünsche auf den Analytiker begründet. Was hier »externalisiert« wird, sind die unbewußten sexuellen Wünsche des Patienten, und dies muß nicht unbedingt Wiederholung eines infantilen Abwehrmanövers sein. Die Unterscheidung zwischen Externalisierung und »eigentlicher« Übertragung ist von späteren Autoren nicht systematisch weiterverfolgt worden, wenn auch interessant ist, daß sowohl Alexander (1925) als auch Freud (1940) davon sprachen, daß der Analytiker die Rolle des Gewissens (oder des »Über-Ich«) des Patienten »übernehme« und dies als einen wichtigen Teil des therapeutischen Prozesses betrachteten.*

Es gab in der Psychoanalyse eine starke Tendenz, den Übertragungsbegriff zu erweitern. Zum Teil läßt sie sich auf zwei Strömungen innerhalb der Psychoanalyse zurückverfolgen, die von der sogenannten »englischen Schule« der Psychoanalyse ausgingen.

James Strachey (1934) hatte die Auffassung vorgetragen, die einzig wirksamen Deutungen in der psychoanalytischen Behandlung seien Übertragungsdeutungen; unter dem Eindruck dieser Auffassung gingen Analytiker dazu über, so viele Deutungen als möglich in Begriffen der Übertragung zu formulieren, um so die Wirksamkeit ihrer Interventionen zu erhöhen. Die zweite Strömung war durch die theoretischen For-

---

* Man muß sich darüber klar sein, daß weder Alexander noch Freud meinten, der Analytiker bemühe sich aktiv um die Übernahme dieser Rolle, vielmehr daß der Analytiker entdecke, daß sie ihm durch die Externalisierung des Patienten zugespielt wird. In solchen Fällen (und gleichermaßen bei allen anderen Übertragungsformen) ist es gerade die Weigerung des Analytikers, sich gemäß der ihm zugespielten Rolle zu verhalten, die die Grundlage für Deutungen ergibt, die auf eine Änderung der Erlebnisweisen des Patienten abzielen. Alexander hat jedoch später im Rahmen der Entwicklungen der Psychoanalyse in der Chicagoer Schule geäußert, der Analytiker könne aktiv den Ausdruck der eigenen Verhaltens- und Einstellungsweisen so modifizieren, daß er mit den Externalisierungen und Übertragungen des Patienten nicht übereinstimme. Es war dies eine der Neuerungen, die Alexander vorschlug, um ein »korrektives Gefühlserlebnis« herbeizuführen. Alexander formulierte es folgendermaßen (1948): »... das Prinzip des korrektiven Gefühlserlebnisses ist eine bewußt geplante Steuerung der Gefühlsreaktionen des Therapeuten gegenüber dem Material des Patienten (seiner Gegenübertragung) in einer solchen Weise, daß dadurch den schädlichen Auswirkungen der elterlichen Einstellungen entgegengewirkt wird.«

mulierungen Melanie Kleins repräsentiert, die auf der Grundlage ihrer analytischen Arbeit mit Kindern die Ansicht vertrat, alles spätere Verhalten sei weitgehend als Wiederholung von Beziehungserlebnissen zu verstehen, die sich ihrer Meinung nach im ersten Lebensjahr zugetragen hatten (1932). Das Zusammentreffen dieser beiden Strömungen veranlaßte einige Analytiker, alle Mitteilungen des Patienten als Hinweis auf Übertragung frühinfantiler Beziehungen aufzufassen und keine Deutungen zu geben, die sich nicht auf die Übertragungsmerkmale in der Beziehung des Patienten zum Analytiker bezogen. Diese Tendenz ist von Zetzel (1956) eingehend diskutiert worden. Viele Analytiker haben zur Erweiterung des Übertragungsbegriffes beigetragen. Zum Beispiel sagte Edward Glover (1937), daß »eine adäquate Fassung des Übertragungsbegriffes die *Gesamtheit* der Entwicklung des Individuums widerspiegeln muß . . . (der Patient) verschiebt nicht lediglich Affekte und Vorstellungen auf den Analytiker, sondern *alles*, was er im Laufe seiner seelischen Entwicklung je gelernt und vergessen hat«.

Während manche Autoritäten den Begriff im Rahmen der analytischen Situation erweiterten, vertraten andere im Anschluß an eine Bemerkung Freuds über die Allgegenwart der Übertragung (1909 a) die Ansicht, daß Übertragung als ein allgemeinpsychologisches Phänomen zu betrachten sei (ohne daß sie damit sich der Auffassung anschlossen, sämtliche Aspekte der Beziehung des Patienten zum Analytiker seien als Übertragung zu verstehen). So schreibt Greenson (1965 a): »Übertragung ist das Erleben von Gefühlen, Triebregungen, Einstellungen, Phantasien und Abwehrhaltungen gegenüber einer Person der Gegenwart, die dieser Person gegenüber unangemessen sind und eine Wiederholung, eine Verschiebung von Reaktionen ist, die aus der Beziehung zu bedeutsamen Personen der frühen Kindheit herrühren. Ich betone, daß eine Reaktion zwei Eigenschaften ausweisen muß, um als Übertragung gelten zu können: sie muß eine Wiederholung der Vergangenheit und der Gegenwart unangemessen sein«. Eine solche Definition enthält offensichtlich mehr, als Freud ursprünglich im Sinne hatte. Sie würde zum Beispiel auch gewohnheitshafte Reaktionen gegenüber anderen Personen umfassen, die zum Bestandteil des Charakters des Patienten geworden sind (etwa eine Neigung zu Angst vor Autoritäten), und die man auch als der Gegenwart unangemessen ansehen kann. Dies würde jedoch nicht zu einem Übertragungsbegriff passen, der besagt, es handle sich um Gefühle, die im Verlauf der Analyse auftreten, die zu Beginn der Behandlung nicht anwesend waren, aber als eine Folge der Behandlungsbedingungen wachgerufen wurden.

Aus der Überzeugung heraus, daß die von zahlreichen Analytikern vollzogenen Erweiterungen des Begriffs seine Klarheit nicht bessern, sondern vermindern, ist eine Reihe von Autoren für die Rückkehr zu einer engeren Fassung des Übertragungsbegriffs eingetreten. Waelder (1956) schlug vor, man solle den Übertragungsbegriff auf Ereignisse innerhalb der klassischen analytischen Situation begrenzen. Er sagte: »Man könnte sagen, Übertragung sei ein Versuch des Patienten, in der analytischen Situation und in Beziehung zum Analytiker Situationen und Phantasien seiner Kindheit wiederzubeleben und wieder zu inszenieren. Übertragung ist daher ein regressiver Vorgang ... Übertragung entwickelt sich aufgrund der Bedingungen des analytischen Experiments, d. h. der analytischen Situation und der analytischen Technik.« In jüngerer Zeit kam Loewenstein (1969) nach einer sehr eingehenden Erörterung der verschiedenen Auffassungen des Übertragungsbegriffs zu dem Schluß, daß »Übertragung außerhalb der Analyse offensichtlich nicht in den gleichen Begriffen beschrieben werden kann wie Übertragungen, die im Laufe und infolge des analytischen Prozesses auftreten«. Loewenstein gelangte zu dieser Ansicht aufgrund der Überzeugung, daß die beiden in der Analyse beobachteten Übertragungsaspekte, nämlich der des Widerstands und der eines Trägers von Einsicht und Heilung, nur in der analytischen Situation gegeben sind und niemals außerhalb davon beobachtet werden können.

Aus all dem geht deutlich hervor, daß analytische Autoren recht unterschiedliche Definitionen der Übertragung vertreten haben. Die Bedeutung des Begriffs variiert je nach dem Kontext, in dem er verwendet wird, und es ist offenkundig, daß man bei Verwendung des Begriffs in einem sehr weit gefaßten Sinne etliche Unterformen voneinander unterscheiden muß. Gegenwärtig wird der Begriff ›Übertragung‹ von verschiedenen Analytikern in einigen oder allen der folgenden Sinnbedeutungen gebraucht:

1. Mit Einbeziehung dessen, was wir als Behandlungsbündnis diskutiert haben (Kap. 3);
2. als Bezeichnung für das Auftauchen infantiler Gefühle und Einstellungen in einer neuen Form, die sich auf die Person des Analytikers bezieht; im wesentlichen als das, was Freud beschreibt (1896, 1905 b, 1909 a, 1912 a, 1914 a, 1916/17, 1920);
3. mit Einbeziehung der »Übertragung von Abwehr« und der »Externalisierungen« (A. Freud, 1936);
4. mit Einbeziehung aller »unangemessenen« Gedanken, Einstellungen, Phantasien und Gefühle, die Wiederbelebungen der Vergangenheit sind und die der Patient (sei er sich dessen bewußt oder nicht) in der Beziehung zum Analytiker erlebt. Dazu gehören auch Dinge wie die

anfänglichen »irrationalen« Ängste des Patienten vor der Behandlung, spezifische Einstellungen zu anderen Menschen, die Teil seiner Persönlichkeitsstruktur sind und sich auch gegenüber dem Analytiker bemerkbar machen (Greenson, 1965 a).*

5. mit Einbeziehung *aller* Aspekte der Beziehung des Patienten zu seinem Analytiker. Bei dieser Auffassung der Übertragung wird jeglicher Aspekt des Engagements mit dem Analytiker als Wiederholung vergangener (meist sehr früher) Beziehungen betrachtet, und in der Tat wird *jede* verbale oder nicht verbale Mitteilung oder Äußerung des Patienten in der Analyse als Übertragung verstanden. Vertreter dieser Übertragungs-Auffassung erblicken in allen Assoziationen des Patienten grundsätzlich einen Bezug zu Gedanken und Gefühlen gegenüber dem Analytiker (z. B. Rosenfeld, 1965 a).

Das Argument, der Übertragungsbegriff müsse ausschließlich auf die analytische Situation begrenzt bleiben (Waelder, 1956; Loewenstein, 1969), ist offenbar nicht zwingend, wenn man auch den Beweggrund dafür durchaus verstehen kann, nämlich die zunehmende Tendenz zu einer breiten und unterschiedslosen Verwendung der Bezeichnung »Übertragung«. Offenkundig ist aber, daß dieselben Phänomene, die in der analytischen Behandlung auftreten, auch außerhalb davon vorkommen. Freud drückte es so aus: »Es ist nicht richtig, daß die Übertragung während der Psychoanalyse intensiver und ungezügelter auftritt als außerhalb derselben. Man beobachtet in Anstalten, in denen Nervöse nicht analytisch behandelt werden, die höchsten Intensitäten ...« (1912 a). Die klassische analytische Situation schafft jedoch offenbar Bedingungen, die die Entwicklung von Übertragungen begünstigen und es gestatten, die Phänomene in verhältnismäßig unverfälschten Formen zu untersuchen (Stone, 1961).

Am anderen Ende des Spektrums scheint die Verwendung des Begriffs in seiner breitesten Form, bei der alle Mitteilungen und Verhaltensweisen innerhalb des analytischen Settings als Übertragung betrachtet werden, den Begriff für eine Verwendung außerhalb der analytischen Behandlung wertlos zu machen, denn es wäre dann ja zu folgern, daß man jegliches Verhalten als Übertragung bezeichnen könnte, also als determiniert von der Tendenz zur Wiederholung vergangener Erlebnis- und Verhaltens-

* Greenson unterscheidet jedoch die Übertragung vom »Arbeitsbündnis« (1965 a) und der »realen« Beziehung des Patienten zum Analytiker (Greenson und Wexler, 1969). Die logischen Schwierigkeiten, die sich bei der Unterscheidung zwischen Übertragung und »Realität« ergeben, hat Szasz (1963) diskutiert.

muster. Es trifft wohl zu, daß es eine Tendenz gibt, Aspekte früherer Reaktionen und sogar infantiler Erlebnisse in der Gegenwart zu wiederholen, und daß eine Bereitschaft besteht, die gegenwärtige Realität in Begriffen der Vergangenheit wahrzunehmen, doch gibt es auch Faktoren, die einer solchen Entstellung entgegenwirken (die »Realitätsprüfung«). Wahrscheinlich ist es der relative Mangel an Möglichkeiten, in der psychoanalytischen Situation Realität zu ›prüfen‹, der bewirkt, daß sich dort Übertragungs-Entstellungen leicht entwickeln und am deutlichsten sichtbar werden. In gewöhnlichen Alltagsbeziehungen verhält sich die Person, auf die eine Übertragung gerichtet wird, häufig so, daß die entstellte Übertragungs-Wahrnehmung korrigiert wird. Sie kann aber auch die ihr zugespielte Übertragungs-Rolle annehmen und sich ihr entsprechend verhalten (siehe Kap. 6). Der Analytiker bietet einerseits eine Möglichkeit für Übertragungs-Entstellungen an, indem er keine Realität zurückgibt, um die Fehlwahrnehmung des Patienten zu korrigieren, andererseits übernimmt er aber auch nicht die Rolle, die ihm durch die Übertragung des Patienten zugespielt wurde; so wird es möglich, die irrationalen Determinanten der Übertragung zu erforschen.

Eine mittlere Position zwischen diesen beiden Extremen haben Sandler et al. (1969) eingenommen. Auf der Grundlage einer Untersuchung von Material aus Kinderanalysen lehnen sie die Auffassung ab, daß man sämtliches Material des Analysepatienten als Übertragung ansehen könne; sie halten dagegen, daß gerade diese Auffassung von der Übertragung als einem einheitlichen oder »eindimensionalen« Phänomen das Verständnis dessen behindern kann, was in der Beziehung zwischen Patient und Analytiker geschieht. Ihrer Ansicht nach sollte sich der Analytiker nicht lediglich daran orientieren, was Übertragung und was nicht Übertragung sei, sondern es ist vielmehr seine Aufgabe, die vielfältigen Aspekte von Beziehungen zu untersuchen, die sich in der Analyse und gegenüber der Person des Analytikers einstellen. Ihre These ist, daß es für das Verständnis des therapeutischen Begriffs der Übertragung vom Gesichtspunkt der allgemeinen Psychologie her notwendig sei, Beziehungen im allgemeinen zu untersuchen. Übertragung ist ihrer Auffassung nach eine besondere therapeutische Manifestation der vielen verschiedenartigen Komponenten normaler Beziehungen. Die Autoren betonen, daß die Besonderheit der analytischen Situation das Auftauchen bestimmter Aspekte von Beziehungen begünstigt, setzen jedoch hinzu, daß es in technischer Hinsicht von größter Bedeutung ist, diese verschiedenen Elemente voneinander zu unterscheiden, und nicht etwa *alle* Aspekte der Beziehung des Patienten zum Analytiker als Wiederholung vergangener Beziehungen zu bedeutsamen Figuren zu betrachten.

Es erscheint wichtig, eine allgemeine Tendenz zur Wiederholung vergangener Beziehungen in der Gegenwart (wie man sie etwa bei verfestigten Charakterzügen wie »Stellen von Ansprüchen«, »Provokationsneigung«, »Autoritäts-Intoleranz« und ähnlichem mehr beobachten kann) zu unterscheiden von einem *Prozeß*, der gekennzeichnet ist durch das Auftreten von Gefühlen und Einstellungen gegenüber einer anderen Person (oder Institution), die ein Kondensat einer früheren Haltung oder Gefühlseinstellung darstellen, der Gegenwart unangemessen sind und sich *ganz spezifisch* auf diese andere Person oder Institution richten. Unter diesem Gesichtspunkt braucht man Ängste, die ein Patient gegenüber dem Behandlungsbeginn haben mag, nicht als Übertragung zu betrachten, selbst wenn sie eine Wiederholung eines früheren bedeutsamen Erlebnisses sein mögen. Andererseits mag ein Patient, der schon geraume Zeit in Behandlung ist, Ängste vor der Behandlung entwickeln, Ängste, die er nun so erlebt und versteht, daß sie etwas mit der persönlichen Eigenart seines Therapeuten zu tun haben, auch wenn wenig reale Anhaltspunkte für solche Übertragungsgefühle und -überzeugungen vorhanden sind. In diesem Sinne kann man Übertragung als eine *spezifische Illusion* betrachten, die sich in bezug auf eine andere Person einstellt, und die ohne Wissen des Subjekts in einigen ihrer Merkmale eine Wiederholung der Beziehung zu einer bedeutsamen Figur der eigenen Vergangenheit darstellt. Dabei ist zu betonen, daß sie vom Subjekt nicht als Wiederholung sondern als völlig gegenwarts- und personengerecht erlebt wird.
Man muß hinzufügen, daß sich die Übertragung nicht auf die illusionäre Apperzeption einer anderen Person in dem hier beschriebenen Sinne zu beschränken braucht, sondern daß dazu auch die unbewußten (oft subtilen) Versuche gehören, Situationen mit anderen herbeizuführen oder zu manipulieren, die eine verhüllte Wiederholung früherer Erlebnisse und Beziehungen sind. Es wurde bereits darauf hingewiesen, daß bei solchen Übertragungs-Manipulationen und -Provokationen im Alltagsleben die Person, auf die sie sich richten, entweder zu verstehen gibt, daß sie diese Rolle nicht akzeptiert, oder bei eigener unbewußter Neigung in derselben Richtung sie tatsächlich annimmt und sich dementsprechend verhält. Wahrscheinlich begründet sich die Annahme oder Abweisung einer solchen Übertragungsrolle nicht auf bewußte Apperzeption dessen, was hier geschieht, sondern auf unbewußte Signale. Übertragungselemente gehen in unterschiedlichem Ausmaß in fast alle Beziehungen ein, und diese Beziehungen (etwa Wahl eines Gatten oder eines Arbeitgebers) werden durch ein Charakteristikum der anderen Person determiniert, das (bewußt oder unbewußt) ein Merkmal einer bedeutsamen Figur aus der Vergangenheit darstellt.

Statt sämtliche Komponenten der Beziehung (die vom Patienten her kommen) als Übertragung zu betrachten, wäre es nutzbringender, Übertragungselemente von Nicht-Übertragungselementen zu unterscheiden. Man könnte so bei der Bestimmung der therapeutisch bedeutsamen Elemente in den vielfältigsten Situationen mehr Genauigkeit erreichen und die relativen Rollen der vielen Faktoren deutlicher hervorheben, die bei jeder Form von Behandlung in die Interaktion von Patient und Therapeut eingehen.

5 Sonderformen von Übertragung

Der Übertragungsbegriff, wie ihn Freud entwickelt hatte, entstand im Kontext der psychoanalytischen Behandlung neurotischer Patienten. Als psychoanalytische Techniken dann zur Behandlung eines erweiterten Patientenkreises eingesetzt und auch bei Psychotikern angewendet wurden, kam eine Reihe neuer Begriffe auf, die zur Kennzeichnung zusätzlicher und spezieller Formen von Übertragung dienten. In diesem Kapitel sollen Aspekte der Arzt-Patient-Beziehung dargestellt werden, die in der Literatur als *erotische Übertragung* (Saul, 1962), *erotisierte Übertragung* (E. Rappaport, 1956; Greenson, 1967), *Übertragungspsychose* (Rosenfeld, 1952, 1954, 1969; Searles, 1961, 1963; Wallerstein, 1967) und als *wahnhafte Übertragung* (Little, 1958, 1960, 1966; Hammett, 1961) diskutiert wurden.

Im vorangegangenen Kapitel befaßten wir uns mit der Übertragung in den Formen, wie man sie normalerweise antrifft. Ein Überblick über die einschlägige Literatur zeigte, daß der Begriff in mehreren Hinsichten unterschiedlich verstanden und verwendet wird. Wir kamen zu dem Schluß, daß eine brauchbare Fassung des Übertragungsbegriffs folgende sein könnte: »Eine spezifische Illusion, die sich in bezug auf eine andere Person einstellt und die ohne Wissen des Subjekts in einigen ihrer Merkmale eine Wiederholung der Beziehung zu einer bedeutsamen Figur der eigenen Vergangenheit darstellt. Es ist dabei zu betonen, daß sie vom Subjekt nicht als Wiederholung der Vergangenheit, sondern als völlig gegenwarts- und persongerecht erlebt wird.« Wir fügten hinzu, »daß sich die Übertragung nicht auf die illusionäre Apperzeption einer anderen Person zu beschränken braucht, sondern daß dazu auch die unbewußten (oft subtilen) Versuche gehören, Situationen mit anderen herbeizuführen oder zu manipulieren, die eine verhüllte Wiederholung früherer Erlebnisse und Beziehungen sind«.

In der Literatur zum Thema der Sonderformen von Übertragung, das wir nun behandeln wollen, wird fast durchgängig vorausgesetzt, daß die dabei beschriebenen Phänomene eine Form der Wiederholung früherer psychischer Situationen oder Beziehungen seien, in der Analyse oder psychoanalytisch orientierter Psychotherapie auftreten und infolgedessen als Übertragung anzusehen seien. Diese Übertragungen sind jedoch im Vergleich mit ›gewöhnlichen‹ Übertragungen so grob unrealistisch und unangemessen, daß dafür eine besondere Bezeichnung angebracht ist.

Analytiker, die sich mit diesem Thema beschäftigt haben, betrachten diese »speziellen« Übertragungsphänomene als Folgeerscheinungen einer regressiven Wiederbelebung primitiver Beziehungsformen; man nimmt an, daß sie entweder aufgrund der Psychopathologie des Patienten eintreten, oder weil die Regression in der analytischen Behandlungssituation sie begünstigt (oder Folge von beidem sein kann). Während unter Analytikern allgemein Übereinstimmung besteht, daß die analytische Behandlung normalerweise regressionsfördernde Bedingungen schafft — und manche Analytiker (etwa Waelder, 1956) die normale Übertragungsentwicklung mit der Regression in der analytischen Situation verknüpfen —, wird das Ausmaß der Regression und ihre spezielle Form bei manchen Patientengruppen als Ursache für die Entstehung der Übertragungssonderformen angesehen. Viele Analytiker vertreten die Ansicht, daß schwere psychiatrische Störungen, besonders die Psychosen, als regressiv-wiederbelebte Wiederholungen früherer, infantiler Zustände aufgefaßt werden können. Von einigen (beispielsweise Klein, 1948) werden diese frühen Zustände als »psychotisch« betrachtet. Andere (etwa Arlow und Brenner, 1964, 1969) sind der Auffassung, daß regressive Prozesse, die psychotische Zustände herbeiführen, sich am stärksten auf die organisierteren Persönlichkeitsanteile auswirken, also auf das Ich und das Über-Ich. Arlow und Brenner äußern sich folgendermaßen (1964): »Die überwiegende Mehrzahl von Veränderungen der Ich- und Über-Ich-Funktionen, durch die die Psychosen gekennzeichnet sind, sind Teil der Abwehrbemühungen des Individuums bei inneren Konfliktsituationen und werden durch das Bedürfnis motiviert, das Auftreten von Angst zu verhindern, ebenso wie es bei normalen und neurotischen Konflikten der Fall ist. Bei den Psychosen sind die defensiven Veränderungen der Ich-Funktionen oft so weitreichend, daß die Beziehung des Patienten zu seiner Umwelt schwer gestört wird.«

Erotische Übertragung und erotisierte Übertragung

1915 beschrieb Freud bestimmte Fälle von »Übertragungsliebe«, in denen die in analytischer Behandlung befindliche Patientin zu verstehen gab, sie habe sich in den Analytiker »verliebt« (1915 a). Solche Patientinnen weigern sich dann, die gewöhnliche analytische Arbeit fortzusetzen, sie weisen Deutungen ab, die ihre gegenwärtigen Gefühle mit der Vergangenheit in Beziehung bringen und suchen nicht mehr nach Einsichten in die Bedeutungen und Ursachen ihrer Symptome, über die sie zuvor geklagt hatten. Sie benützen ihre Analysestunden dazu, um ihre Liebe kundzutun, um Befriedigung aus der Nähe zum Geliebten zu gewinnen und versuchen, den Analytiker zur Erwiderung ihrer Liebe zu bewegen. Freud war zwar nicht der Meinung, daß solche Patientinnen auf jeden Fall schwer neurotisch gestört sein müßten, und er sah auch im Auftreten dieser Form von Übertragung keine unausweichliche Kontraindikation für die analytische Behandlung, aber er äußerte doch, daß manchmal eine Überweisung an einen anderen Analytiker erforderlich sein könnte. Er sagte von diesen Patientinnen, daß es Frauen von »elementarer Leidenschaftlichkeit«, »Naturkinder« seien.

Offenbar haben Analytiker im Laufe der Zeit die Erfahrung gemacht, daß sich ihre Patienten nicht so häufig oder mit solcher Heftigkeit in sie verlieben, oder sie haben gelernt, das Auftreten solcher Gefühle als eine Form von Widerstand (s. Kap. 7) gegen andere, weniger erträgliche Gefühle und Bedürfnisse zu verstehen und zu deuten.* Wenn jedoch solche Gefühle so intensiv werden, daß ein heftiges Verlangen nach Befriedigung alles beherrscht und die produktive analytische Arbeit aufhört, so gilt dies als Anzeichen schwerer psychischer Gestörtheit. Alexander (1950) hat auf das Problem des abhängigen Patienten hingewiesen, der sowohl Liebe fordert als auch geben möchte. Blitzsten (dessen unveröffentlichte Anmerkungen von Rappaport [1956] und von Greenson [1967] zitiert werden) dürfte als erster die stark sexualisierte Einstellung zum Arzt mit schwerer Pathologie in Verbindung gebracht haben. In einer eingehenden Diskussion dieses Themas schreibt Rappaport (1956): »Blitzsten bemerkte, daß in einer Übertragungssituation der Analytiker so erlebt wird, *als ob* er die Elternfigur sei, während er bei einer Erotisierung der Übertragung diese Elternfigur *ist*.** Der Patient kann nicht einmal mehr das ›Als-ob‹ zugestehen.« Die Schwierigkeiten, die eine solche Formulierung enthält, sind offenkundig; wir werden an späterer Stelle darauf zurückkommen. Rappaport ist der Meinung, daß Patienten, die die erotische Komponente der Übertragung übersteigern, »von Anfang an unzweideutig darauf bestehen, der Analytiker solle sich ihnen gegenüber wie die Elternfigur verhalten«. Solche Wünsche sind für die Patienten weder peinlich noch beschämend. Sie zei-

* Unseren eigenen Erfahrungen zufolge ist es nicht selten, daß Patienten, die habituell »sexualisieren« (durch Flirten und subtile sexuelle Provokation), insbesondere solche mit »hysterischem Charakter«, damit eine potentielle Depression abwehren.

** Eine Form des Overstatements, die nicht selten in analytischen Arbeiten zu finden ist. Diese Aussage spiegelt wahrscheinlich das Gefühl des Analytikers wider, daß er ganz so wie eine Elternfigur behandelt wird und die Qualität des »Als-ob« nicht mehr so deutlich wie bei seinen anderen Patienten ist.

gen ganz offen ihre Wut, wenn der Analytiker diese Wünsche nicht erfüllt. Rappaport setzt die Stärke solchen sexuellen Begehrens in der Analyse in Bezug zum Schweregrad der Störung des Patienten. »Eine derartige Erotisierung der Übertragung stellt eine schwere Störung des Realitätssinnes dar und ist ein Anzeichen für die Schwere der Krankheit. Diese Patienten sind nicht Neurotiker, sondern Borderline-Fälle oder Schizophrene.« Er merkt an, daß »die analytische Situation zwar solche Entstellungen besonders ermöglicht, diese Patienten aber jedwede bedeutsame Person zu einer Elternfigur zu machen versuchen«.

Rappaport stimmt mit Blitzsten darin überein, daß der Analytiker für solche Patienten die Elternfigur *ist,* ohne daß er jedoch damit sagen will, diese Patienten seien wahnhaft oder halluzinatorisch davon überzeugt, der Analytiker sei die tatsächliche Elternperson. Es ist indessen deutlich, daß Übertragungen eine besondere Eigenschaft zukommt. Die Übertragung ist hier nicht verborgen, sondern »der Patient schreit es heraus, daß seine Phantasie Wirklichkeit sein soll«. Der Patient glaubt, daß er in seinem Analytiker eine Elternperson bekommen könne (wahrscheinlich jemanden, der so ist und sich so verhält wie eine reale oder ersehnte Elternperson im Leben des Patienten). Das Bild vom Analytiker in seiner Eigenschaft als Analytiker geht dabei gänzlich verloren.

Man könnte nun einwenden, daß es hier gar nicht um Übertragung geht. Nunberg vertrat 1951 die Ansicht, daß die Versuche des Patienten, den Analytiker in die Elternperson zu verwandeln, keine Übertragung darstellen. Er berichtete von einer Patientin, deren »besondere Fixierung an ihren Vater den Wunsch hervorbrachte, im Analytiker dessen Reinkarnation zu finden, und, da ihr Verlangen nach Umwandlung des letzteren in eine mit dem Vater *identische* Person nicht erfüllt werden konnte, die Bemühungen um Herstellung einer arbeitsförderlichen Übertragung vergeblich waren«. Hätte diese Patientin unbewußte Bilder ihrer früheren Objekte auf die Person des Analytikers projiziert, so hätte es sich nach Nunbergs Meinung um Übertragung gehandelt. Die Patientin aber »projizierte nicht das Bild ihres Vaters auf den Analytiker; sie versuchte ihren Analytiker nach dem Bilde ihres Vaters zu verändern«. Offensichtlich bezieht sich Nunberg auf ähnliche Phänomene wie die von Rappaport beschriebenen. Im vorangegangenen Kapitel (Kap. 4) sprachen wir auch schon von der »verborgenen« Wiederholung früherer Erlebnisse und Beziehungen in der Gegenwart, womit gesagt werden sollte, daß sich der Patient der Wiederholung seiner Vergangenheit in der Gegenwart nicht bewußt ist. All dies kann zwar als Einwand gegen die Verwendung des Begriffs »Übertragung« für die von Rappaport beschriebenen Phänomene angeführt werden, aber es ist gleichermaßen möglich, daß ein Patient eine erotisierte Übertragung dieser Art haben kann, ohne daß er sich bewußt ist, daß es dabei um eine Wiederholung der Vergangenheit geht.

Rappaports Gedanken führen zur Frage nach dem Umgehen mit dem Patienten, der den Therapeuten sexuell lieben möchte und von diesem ebenso geliebt sein will. Solche technischen Überlegungen bilden den Kern einer Arbeit von Saul (1962). Er verknüpft diesen Übertragungstypus noch spezifischer als Rappaport mit realer Versagung in frühkindlichen Beziehungen und vertritt die Ansicht, daß die auf solche Versagungen begründete Feindseligkeit und Wut auch in der Beziehung zum Analytiker wiederholt werden könnte. Weiterhin könne die extreme Liebe zum Teil ein Mittel sein, den Arzt vor den feindseligen Gefühlen zu schützen. Die Feindseligkeit und Destruktivität bei solchen Patienten ist auch von anderen Autoren angeführt worden (beispielsweise Nunberg, 1951; Greenson, 1967). Greenson setzt die erotische Übertragung in Beziehung zu anderen Störungsbereichen und sagt: »Patienten, die an dem leiden, was man eine ›erotisierte‹ Übertragung nennt, zeigen eine Neigung zu höchst destruktivem Agieren ... Alle diese Patienten haben Übertragungswiderstände, die aus untergründigen Haßregungen stammen. Sie trachten nur danach, diese Gefühle auszuleben und widersetzen sich der analytischen Arbeit.« Im Hinblick auf seine eigenen Erfahrungen mit solchen Fällen berichtet er: »Sie kamen bereitwillig zu den Stunden, aber nicht um Einsicht zu gewinnen, sondern nur um die physische Nähe zu haben. Meine Interventionen waren für sie unwichtig.« Greenson hält solche Patienten für die klassische psychoanalytische Behandlung ungeeignet. Nach seiner Ansicht können sie die Anforderungen der klassischen Analyse nicht ertragen (s. a. Wexler, 1960) und kein ausreichendes Behandlungsbündnis eingehen.

Übertragung bei Psychotikern, Übertragungspsychose und wahnhafte Übertragung

Die Arbeiten von Rappaport (1956), Wallerstein (1967) und Greenson (1967) beziehen sich auf einige Übertragungsformen, die eine Mittelstellung zwischen den von Freud geschilderten Fällen auf der einen Seite und den Fällen von psychotischer Übertragung oder Übertragungspsychose auf der anderen Seite einnehmen, wie sie von Rosenfeld (1952, 1954, 1969) und Searles (1961, 1963) geschildert wurden, bei denen in der Beziehung des Patienten zum Therapeuten offen psychotische Züge auftreten.

In Kapitel 4 wiesen wir darauf hin, daß Freud (1911 a, 1914 b) der Ansicht war, Übertragung trete bei den von ihm so genannten »narzißtischen Neurosen« (funktionellen Psychosen) nicht auf. Er meinte, die psychotische Pathologie stelle eine teilweise Rückkehr auf ein sehr frühes psychisches Funktionsniveau dar, ein Niveau, auf dem die Fähigkeit zur Objektbeziehung und Objektliebe in Abhebung vom eigenen Selbst noch nicht entwickelt ist. Der Abzug des Interesses an der Außenwelt wurde als ein Ergebnis einer Rückkehr (Regression) auf das frühe »narzißtische« Niveau angesehen. Abraham (1908) glaubte ebenfalls, daß es bei der Schizophrenie keine Übertragungsphänomene gebe.

Wie Rosenfeld (1952, 1969) dargestellt hat, erschien dann eine wachsende Zahl von Arbeiten, angefangen mit Nunbergs Beobachtungen (1920) von Übertragungsphänomenen bei einem kataton-schizophrenen Patienten, die entgegen Freuds ursprünglicher Auffassung zeigten, daß es Übertragung bei Psychotikern tatsächlich gibt. Von diesen Analytikern sind Harry Stack Sullivan (1931), Federn (1943) und Rosen (1946) besonders zu nennen. In jüngerer Zeit haben Searles (1961, 1963), Rosenfeld (1952, 1965 a, 1966) und Balint (1968) von unterschiedlichen theoretischen Standpunkten her sich gegen die Auffassung gewandt, daß es in den frühesten Phasen der seelischen Entwicklung (die sie in Aspekten der Symptome schizophrener Patienten rekapituliert sehen) keine Investition von emotionellem Interesse in andere gebe. So bemerkt Rosenfeld (1952): »Wir haben es hier nicht mit einem Fehlen der Übertragung zu tun, sondern vielmehr mit dem schwierigen Problem, schizophrene Übertragungsphänomene zu erkennen und zu deuten.« Er schreibt diese Schwierigkeit der Tatsache zu, daß »der Schizophrene, sowie er sich liebend oder hassend irgendeinem Objekt nähert, mit diesem Objekt in Konfusion zu geraten scheint ... (was) etwas die Schwierigkeit des Kleinkindes erhellt, zwischen ›Ich‹ und ›Nicht-Ich‹ zu unterscheiden«.

Die Ansicht, daß sich in der Beziehung des Psychotikers zum Arzt Fehlidentifizierungen und Wahnvorstellungen entwickeln, wurde von Searles (1963), Little (1960 a) und Balint (1968) erweitert und näher ausgeführt. Balint scheint der einzige unter diesen Autoren zu sein, der sich des Problems bewußt war, das frühe seelische Funktionieren auf der Basis der Annahme zu rekonstruieren, daß es genau dem Verhalten gestörter Erwachsener in der psychoanalytischen Behandlung entspreche.

Es scheint durchaus legitim zu sein, den Übertragungsbegriff auf Aspekte der Interaktion des psychotischen Patienten mit seinem Arzt anzuwenden. Selbst der stuporöse Kataton-Schizophrene kann nach Wiedererlangen seiner Rationalität Anzeichen dafür erkennen lassen, daß er während seiner Krankheitsphase eine beträchtliche Wahrnehmungsfähigkeit für Ereignisse im Zusammenhang mit anderen bewahrt hatte (in diesem

Kontext sind die sozialpsychiatrischen Übersichten von Brown et al. [1966] relevant, die zeigen, daß die Symptomatologie der Schizophrenie kulturelle Determinanten aufweist). Ärzte und Krankenpersonal werden gleichermaßen in die Inhalte der gestörten Denkprozesse einbezogen. Was Searles, Rosenfeld und andere (etwa Fromm-Reichmann, 1950) mit ihren eingehenden Falldarstellungen deutlich machen wollen, ist, daß solche Denkprozesse Wiederholungen von früheren interpersonellen Beziehungen darstellen. Searles schreibt über einen chronisch schizophrenen Patienten (1963): »Die Funktionsweise seines Ich ist so unzulänglich differenziert, daß er weniger das Gefühl zu haben scheint, der Therapeut erinnere ihn an oder sei so wie sein Vater oder seine Mutter (oder sonst jemand aus seinem frühen Leben), sondern daß sein Erleben des Therapeuten in die unbefragte Vorstellung eingebettet ist, daß der Therapeut Vater oder Mutter *ist*.« In gleicher Richtung wie Rosenfeld fügt er jedoch hinzu: »Ein Hauptgrund für unsere Unterschätzung der Rolle der Übertragung liegt darin, daß es sehr lange Zeit dauern kann, bis die Übertragung nicht nur ausreichend differenziert, sondern auch ausreichend integriert, ausreichend kohärent geworden ist, daß sie sich identifizieren läßt.«

In Entsprechung zur Vorstellung Freuds, daß sich bei der Behandlung neurotischer Patienten die inneren, die Neurose verursachenden Probleme in der analytischen Behandlungssituation in Gestalt einer »Übertragungsneurose« (1914 b, 1920) verdichten, meinen Rosenfeld und Searles, daß auch eine »Übertragungspsychose« feststellbar sei. Searles (1962) führt vier Varianten von Übertragungspsychose auf:

1. Übertragungssituationen, in denen der Therapeut sich als beziehungslos zum Patienten erlebt.
2. Situationen, in denen sich eine deutliche Beziehung zwischen Patient und Therapeut gebildet hat, und der Therapeut sich nicht mehr als beziehungslos erlebt; das Aufeinander-Bezogensein ist jedoch zutiefst ambivalent.
3. Fälle, in denen die Psychose des Patienten in der Übertragung den Versuch repräsentiert, die Persönlichkeit des Therapeuten zu komplementieren, oder dazu beizutragen, daß sich die ›Therapeut-Elternperson‹ als eigenständige und ganze Person deutlich konturiert.
4. Situationen, in denen ein chronisch schwer gestörter Patient den Therapeuten dazu bringen möchte, für ihn zu denken, gleichzeitig aber versucht, einer so engen Beziehung zu entgehen.

Searles verwendet hier Gegenübertragungs-Wahrnehmungen des Arztes als Basis für die diagnostische Zuordnung der psychotischen Störung (s. Kap. 6). Er setzt jede dieser Varianten von »Übertragungspsychose«

in Bezug zu tatsächlich schädigenden (wenn auch vielleicht falsch wahrgenommenen und mißdeuteten) Familien-Patterns. Er schließt hier bei den Vertretern der ›Familien-Theorie‹ der Schizophrenie an (Wynne und Singer, 1963; Bateson et al., 1956; Lidz et al., 1965; Mishler und Waxler, 1966). Rosenfeld ist der Ansicht, daß das, was in der Behandlungssituation reproduziert wird, nicht eine tatsächliche Eltern-Kind-Situation ist, sondern eine Version dieser Situation, die durch die infantile Phantasie entstellt wurde.

Unserer Ansicht nach gibt es keine ausreichende Evidenz dafür, daß der *Inhalt* der Übertragung des Psychotikers charakteristisch oder spezifisch ist. Die Anzeichen, daß der Psychotiker eine Beziehung zu anderen Menschen haben kann (wenn auch in psychotischer Form), sind sehr deutlich, ebenso das Beweismaterial, daß Aspekte von Kindheitsbeziehungen, seien sie real oder phantasiert, in den Inhalt der Übertragung eingehen. Es gibt auch keinen Grund zum Zweifel an der Beobachtung, daß die Beziehung des Psychotikers zu seinem Therapeuten außerordentlich intensiv sein kann, so daß der Begriff der »Übertragungspsychose« in diesem Kontext durchaus nützlich sein kann.* Das besondere Charakteristische für die Übertragung psychotischer Patienten scheint die *Form* zu sein, die sie annimmt, eine Form, die eng mit der psychotischen Störung des Patienten zusammenhängt. Ein Übertragungswunsch, dem der Neurotiker Widerstand leistet oder den er in verhüllter Form darstellt, kann beim Psychotiker in Gestalt einer wahnhaften Überzeugung Ausdruck finden. Vom psychoanalytischen Standpunkt her lassen sich die Unterschiede auf eine defekte Funktionsweise des kontrollierenden und organisierenden Anteils der Persönlichkeit (des Ich) zurückführen, im besonderen jener Funktionen, die für die Unterscheidung zwischen »real« und »phantasiert« wichtig sind. Ganz einfach ausgedrückt heißt das, daß alles, was über die Eigentümlichkeit der psychotischen Übertragung gesagt wurde, auf die allgemeinen Merkmale der Psychose zurückgeführt werden kann. Wenn Teile der Persönlichkeit des schizophrenen Patienten relativ intakt sind, darf man auch erwarten, daß in diesen Teilen verankerte Aspekte

---

* Aus den Beobachtungen, daß Übertragungen bei psychotischen Patienten tatsächlich auftreten, daß man diese Übertragungen deuten kann und daß der Patient auch auf Übertragungsdeutungen ansprechen mag, haben einige Analytiker (z. B. Rosenfeld und Searles) gefolgert, daß man psychotische Patienten mit psychoanalytischen Methoden wirksamer behandeln könne als mit anderen Mitteln. Unserer Meinung nach ist diese Folgerung nicht gerechtfertigt, doch scheint richtig zu sein, daß durch täglichen engeren Kontakt mit dem Therapeuten eine Besserung des chronisch-psychotischen Patienten möglich ist.

seines Verhaltens und seiner Einstellungen intakt bleiben. Dies scheint dann die Basis für die Fähigkeit bestimmter psychotischer Patienten zu bilden, eine Art von Behandlungsbündnis herzustellen. Die Fähigkeit zur Bildung eines Behandlungsbündnisses mag nur für spezifische Behandlungsformen gelten, und für die Wahl der Therapie ist dann entscheidend, wie diese Fähigkeit beurteilt wird.

Wir haben uns bisher in diesem Abschnitt des Kapitels mit den Begriffen der psychotischen Übertragung und der Übertragungspsychose beschäftigt als Übertragungsformen, die man bei psychotischen Patienten antrifft. Es gibt in der Literatur jedoch noch eine völlig andere Bedeutung des Begriffs »Übertragungspsychose«. 1912 beschrieb Ferenczi passagère psychotische oder nah-psychotische Symptome, die in Analysestunden von Patienten auftraten, die sonst nicht psychotisch waren. Unter diesen waren auch seltene Fälle mit echten Halluzinationen während der Analysestunden. Reider veröffentlichte 1957 eine Arbeit über die »Übertragungspsychose«, in der er das Auftreten psychotischer und wahnhafter Elemente in der Übertragung eines nicht-psychotischen Patienten beschrieb. Die Literatur über dieses Thema ist sehr gut von Wallerstein (1967) zusammengefaßt worden; auch er beschränkte wie Reider die Bedeutung des Begriffs auf »Patienten, die ihrer Charakterstruktur nach eindeutig dem neurotischen Bereich angehören und für die klassische Analyse als geeignet gelten müßten, bei denen aber dennoch eine desorganisierende Reaktion von psychotischer Intensität auftrat«. Symptome wie wahnhafte Hypochondrie (Atkins, 1967), »wahnhafte Phantasien« (Wallerstein, 1967) und paranoide Wahnzustände (Romm, 1957), wurden am häufigsten genannt. Man kann zwar das Auftreten dieser psychotischen Merkmale auf die regressionsfördernde Wirkung der analytischen Situation zurückführen, aber sie kommen dennoch nur bei bestimmten Patienten vor. Der Begriff einer passagèren psychotischen »Haltung« (posture) könnte hier von Nutzen sein (Hill, 1968; Sandler und Joffe, 1970). Mit »Haltung« ist in diesem Zusammenhang die spezifische Organisation oder Konstellation von Ich-Funktionen und Abwehrmechanismen gemeint, die ein Patient vornimmt, um eine extrem gefährliche oder schmerzliche Situation zu bewältigen. Sie ist gewöhnlich regressiver Art, also eine Rückkehr zu einem früheren Funktionsmodus. Mit dem Verschwinden des schmerzlichen Zustandes oder der bedrohlichen Situation mag es ihm dann wieder gelingen, eine erwachsenere psychische »Haltung« aufzunehmen.

Little (1958) und Hammett (1961) verwenden den Begriff »wahnhafte Übertragung«, um damit eine Situation zu kennzeichnen, in der sich auffällige Anomalien der Patient-Therapeut-Beziehung entwickeln; was

sie dabei beobachteten, betrachten sie als entstellte, aber dennoch erkennbare Rekapitulation von Aspekten sehr früher Mutter-Kind-Beziehungen. Die Probleme, die sich aus der Annahme ergeben, daß das Auftreten von psychoseartigen Überzeugungen während der Analyse mit Phasen von »Kindheitspsychosen« zu erklären seien (wie es einige Autoren tun), sind schon zuvor erwähnt und von Frosch (1967) diskutiert worden.
Eine Reihe von Analytikern, unter ihnen Winnicott (1954, 1955), Khan (1960) und Little (1960 a, 1966) hat empfohlen, der Analytiker solle bei manchen Patienten die Entwicklung gestörten (und störenden) infantilabhängigen Verhaltens und damit verknüpfter intensiver und primitiver Gefühle gestatten. Nach ihrer Auffassung (auch Balints, 1968) ist es nur in solchen Zuständen möglich, ein früheres Scheitern in der Mutterbeziehung anzugehen und zu überwinden. Diese neuere Version des »korrektiven Gefühlserlebnisses« (Alexander und French, 1946) lehnen viele Analytiker als unanalytisches Vorgehen ab.

Die Unterscheidungsmerkmale der ›speziellen‹ Übertragungsformen

Wiederholung der Vergangenheit ist etwas allen Übertragungskonzepten Gemeinsames, doch die Form, in der die Vergangenheit reproduziert wird, weist offensichtlich wesentliche Unterschiede auf. Bei den ›üblichen‹ Übertragungen neurotischer und ›normaler‹ Patienten ist die Fähigkeit vorhanden, die Übertragungsillusion an der Realität zu prüfen, und der Patient kann zu einem bestimmten Grad sich selbst so betrachten, als sei er eine andere Person. Deutungen der Art »Sie verhalten sich mir gegenüber, *als ob* ich Ihr Vater sei«, werden normalerweise vom Patienten verstanden, da er sein rationales Denken und seine Introspektion zur Bearbeitung des Geschehens heranziehen kann. In solchen Fällen besitzt und verwendet der Patient diejenigen Elemente, die für ein erfolgreiches Behandlungsbündnis erforderlich sind.
Bei den Sonderformen der Übertragung, die in diesem Kapitel besprochen worden sind, ist der Patient entweder nicht im Besitz dieser selbstkritischen und introspektiven Fähigkeiten, oder sie sind ihm nicht verfügbar; es ist interessant festzustellen, daß in Arbeiten sowohl zur erotischen als auch zur psychotischen Übertragung auf das Verschwinden der »Als-ob«-Qualität der Übertragung hingewiesen wird. Was solche Übertragungsformen unserer Ansicht nach von den üblicheren Formen unterscheidet, ist die *Einstellung des Patienten gegenüber seinem eigenen Verhalten.* Wenn ein bestimmter Übertragungsinhalt in der Analyse eines Neurotikers auftaucht, so bringt er ihn gewöhnlich auf Umwegen

(etwa über einen Traum) herein, während Patienten, die psychotisch sind (vielleicht auch nur vorübergehend während der Analysestunde) diesen Inhalt auf direkterem Wege bringen, etwa in Form einer wahnhaften Überzeugung. Der Unterschied scheint uns in den formalen Aspekten des gegenwärtigen psychischen Zustandes des Patienten zu liegen. Aussagen von der Art, daß der Patient in der einen oder anderen Form erotischer oder psychotischer Übertragung seinen Analytiker als reale Elternperson sieht und behandelt, können strenggenommen nur dann zutreffen, wenn der Patient die wahnhafte Überzeugung hegt, der Analytiker sei in der Tat die Elternperson. Fälle dieser Art dürften höchst selten sein, doch hat es den Anschein, daß solche Formulierungen besagen wollen, der Patient habe die berufliche Rolle und Funktion des Therapeuten aus dem Auge verloren und sei unfähig, gegenüber dem Geschehen eine normale »Distanz« einzuhalten und einsichtig zu bleiben. Weiterhin ist festzustellen, daß der Inhalt der Übertragung, wie auch immer seine Form sein mag, nicht als einfache Wiederholung der Vergangenheit betrachtet werden kann. Ein Patient etwa, der zum Analytiker eine homosexuelle Übertragung entwickelt, wird mit Angst und Widerstand reagieren, sofern es sich um einen Neurotiker handelt, ist er aber psychotisch, so kann er mit einem Verfolgungswahn reagieren. In beiden Fällen wehrt sich der Patient gegen dieselben unannehmbaren inneren Triebregungen und Wünsche.

Es ist eindrucksvoll, daß die von Analytikern beschriebenen inhaltlichen Varianten der Übertragung bei der Schizophrenie höchst ähnlich denen sind, die man bei Psychosen mit eindeutig organischer Basis antreffen kann. Dies stützt die Auffassung, daß psychotische Äußerungsformen einschließlich der hier erörterten Übertragungsmanifestationen nicht auf ein Bedürfnis nach Wiederholung ungenügend bewältigter infantiler Psychosezustände zurückgehen. Unserer Ansicht nach ist es völlig plausibel zu sagen, daß die Unterscheidungsmerkmale verschiedener Übertragungstypen auf die Art und Weise zu beziehen sind, wie unbewußte Gedanken, Triebregungen und Wünsche, die teilweise aus der Kindheit stammen mögen, ins Bewußtsein zu treten pflegen, und weiterhin auf die Art und Weise, wie sie zugelassen, abgewiesen, für das Handeln eingesetzt oder modifiziert werden. Es ist daher wahrscheinlich, daß die besonderen Defekte, die zur Psychose und zu psychotischen Übertragungen führen, im Bereich der kontrollierenden, organisierenden, synthetischen, analysierenden und perzeptiven Funktionen der Persönlichkeit liegen. Diese Auffassung würde verständlicher werden lassen, weshalb psychotische Übertragungen bei bestimmten Patienten mit organischen Hirnschädigungen auftreten können.

Es ist durchaus möglich, daß es besondere Familiensituationen gibt, die eine Person in gesteigertem Maße für einen psychotischen Zusammenbruch prädisponieren. Das »double-bind«-Phänomen (Bateson et al., 1956) ist gut belegt, und ein solcher Patient mag versuchen, es mit dem Therapeuten in der Übertragungsbeziehung von neuem zu konstellieren. Ähnliche Beziehungsstörungen kann man indessen auch bei Familien beobachten, die keinen schizophrenen Nachwuchs hervorbringen.

Im letzten Kapitel haben wir die Auffassung vorgetragen, daß man den Übertragungsbegriff auch über die klassische psychoanalytische Situation hinaus erweitern kann, und daß eine Unterscheidung zwischen Übertragungs- und Nicht-Übertragungselementen bei jeder Arzt-Patient-Beziehung von therapeutischem Nutzen sei. In ähnlicher Weise lassen sich auch die in diesem Kapitel besprochenen Sonderformen von Übertragung außerhalb der Analyse beobachten; sie sind in einer Vielzahl von Beziehungen nachweisbar. Es gibt offenbar ausreichendes klinisches Evidenzmaterial dafür, daß Erotisierung von Übertragungselementen außerhalb der analytischen Situation auftreten kann, daß psychotische Patienten in ihren Beziehungen zu anderen psychotische und wahnhafte Züge zeigen können, und daß spezielle Situationen bei bestimmten Individuen vorübergehende psychotische Reaktionen hervorrufen oder auslösen können.

6 Gegenübertragung

In den vorangegangenen drei Kapiteln haben wir das *Behandlungsbündnis* und die *Übertragung* erörtert, Begriffe, die auf bestimmte Aspekte der Beziehung zwischen Patient und Therapeut angewandt werden. Beide Begriffe haben ihren Ursprung in der psychoanalytischen Behandlungssituation, und wir haben auf die Möglichkeiten ihrer Erweiterung auf andere Situationen hingewiesen. Beide Begriffe beziehen und zentrieren sich auf Vorgänge, die sich im Patienten abspielen, so daß sie im wesentlichen nur eine Seite der Beziehung darstellen. Selbst der Begriff des Behandlungsbündnisses, der in formaler Hinsicht die Rollen von Patient und Arzt einzubeziehen scheint, wird mehr oder weniger unter dem Gesichtspunkt der Prozesse und Einstellungen im Patienten gesehen; Einstellungen, Gefühle und berufliche Haltung des Therapeuten sind weitgehend außer acht gelassen worden. In der jüngeren Vergangenheit wurde jedoch in analytischen und anderen Arbeiten der Beziehung des Analytikers zum Patienten mehr Aufmerksamkeit geschenkt. So wie der Begriff »Übertragung« häufig in loser Form als Synonym für die gesamte Beziehung des Patienten zum Therapeuten gebraucht wird, begegnet man auch oft der Bezeichnung »Gegenübertragung« in einem verallgemeinerten Sinne (sowohl innerhalb als auch außerhalb der Psychoanalyse) als der Gesamtheit der Gefühle und Einstellungen des Arztes zu seinem Patienten, ja sogar zur Beschreibung nicht-therapeutischer Alltagsbeziehungen (Kemper, 1966). Eine solche Verwendungsweise weicht ganz beträchtlich von der ursprünglichen Absicht ab, und als Folge davon herrscht weitgehende Unklarheit über die präzise Bedeutung dieses Begriffs. Wir wollen in diesem Kapitel den Begriff im Lichte seiner Ursprünge und Entwicklung innerhalb der Psychoanalyse untersuchen und dann kurz einige seiner Erweiterungsmöglichkeiten auf außeranalytische Situationen skizzieren.

Freud verwendete den Begriff erstmals, als er die zukünftigen Chancen der psychoanalytischen Therapie erörterte (1910 a). Dort sagte er über den Analytiker: »Wir sind auf die ›Gegenübertragung‹ aufmerksam geworden, die sich beim Arzt durch den Einfluß des Patienten auf das unbewußte Fühlen des Arztes einstellt, und sind nicht weit davon, die Forderung zu erheben, daß der Arzt diese Gegenübertragung in sich erkennen und bewältigen müsse ... jeder Psychoanalytiker kommt nur so weit, als seine eigenen Komplexe und Widerstände es gestatten ...«. Im gleichen Jahre entschuldigt er sich in einem Brief an seinen Kollegen Ferenczi, den er analysiert hatte, daß es ihm nicht gelungen sei, Gegenübertragungsgefühle zu bewältigen, die die Analyse Ferenczis behindert hatten (1910 b).

Später empfahl Freud, der Analytiker solle dem Patienten sowenig wie möglich Einblick in sein Privatleben gestatten, und warnte davor, mit dem Patienten über eigene Erlebnisse und Probleme zu sprechen. »Der Arzt soll undurchsichtig für den Analysierten sein und wie eine Spiegelplatte nichts anderes zeigen, als was ihm gezeigt wird«. Er warnte auch vor der Versuchung, »Eigentümlichkeiten seiner eigenen Person ... hinauszuprojizieren« (1912 b).

Wie Freud schon früh die Übertragung als Hindernis für den freien Fluß der Assoziationen des Patienten erkannt hatte, betrachtete er stets auch die Gegenübertragung als Hindernis für das freie Verstehen seitens des Therapeuten. Er sprach in diesem Zusammenhang vom Unbewußten des Analytikers als »Instrument« (1912 b), dessen wirksamer Einsatz in der analytischen Situation durch die Gegenübertragung beeinträchtigt werde. Er vollzog indessen nicht den weiteren Schritt (wie bei der Übertragung), auch in der Gegenübertragung ein nützliches Werkzeug für die analytische Arbeit zu sehen.

Man sollte betonen, daß für Freud die Tatsache, daß auch der Analytiker Gefühle gegenüber dem Patienten hat, als solche noch nicht die Gegenübertragung ausmachte. Er empfahl nicht, der Analytiker solle ein Spiegel sein, sondern er solle in der analytischen Situation wie ein Spiegel *funktionieren,* indem er (mittels der Deutungen) den Sinn der Äußerungen des Patienten einschließlich ihrer Entstellungen durch die Übertragung ihm reflektiere. Die Gegenübertragung wurde als eine Art »Widerstand« im Analytiker gegenüber dem Patienten aufgefaßt, Widerstand gegen die Mobilisierung unbewußter eigener Konflikte durch das, was der Patient ihm sagt, zumutet oder für ihn repräsentiert. Der Analytiker kann durch Selbstreflektion solche Konflikte bei sich aufdecken, und er sollte dann alles daran setzen, sich ihrer Natur bewußt zu werden und ihre nachteiligen Folgen auszuschalten. Nach Freuds Auffassung stellten die Konflikte als solche noch nicht die Gegenübertragung dar, konnten aber diese hervorrufen.

Freud wies mehrfach darauf hin, daß die »blinden Flecke« des Analytikers zu Beeinträchtigungen seiner analytischen Arbeit führen (1912 b, 1915 a, 1931, 1937 a). Anfänglich riet er dem Analytiker zu ständiger Selbst-Analyse, doch gelangte er bald zu der Ansicht, daß diese wegen der eigenen Widerstände gegen das Selbstverstehen schwierig sei. Er trat dafür ein, daß sich der Analytiker selbst einer Analyse unterziehe

(»Lehranalyse«), um Einsicht zu erlangen und die Beeinträchtigungen überwinden zu können, die durch ungelöste unbewußte Konflikte entstehen (1912 a). Später erschien ihm auch dies als unzureichend, und er schlug vor, Analytiker sollten sich etwa alle fünf Jahre neu analysieren lassen (1913 a).*

Es ist klar, daß Freud mit der Gegenübertragung mehr als nur die Übertragung (in dem von ihm gemeinten Sinne) des Analytikers auf den Patienten verstand. Zweifellos kann ein Patient zur Repräsentanz einer Figur aus der Vergangenheit des Analytikers werden, doch kann sich auch eine Gegenübertragung einfach deswegen einstellen, weil der Analytiker nicht in der Lage ist, mit den Anteilen in Mitteilungen und im Verhalten des Patienten adäquat umzugehen, die eigene innere Probleme anrühren. Wenn beispielsweise ein Analytiker ungelöste Probleme mit Aggressionen hat, dann mag er dazu neigen, den Patienten zu besänftigen, wann immer er beim Patienten aggressive Gefühle oder Gedanken entdeckt. Ähnlich könnte der Analytiker, der von eigenen unbewußten homosexuellen Regungen bedroht wird, nicht in der Lage sein, im Material des Patienten homosexuelle Inhalte zu erkennen; er könnte sogar durch homosexuelle Gedanken oder Wünsche des Patienten irritiert werden und den Patienten auf ein anderes Thema ablenken und so weiter. Das »Gegen-« in Gegenübertragung kann somit eine Reaktion im Analytiker kennzeichnen, die sowohl eine Parallele zur Übertragung des Patienten einschließt (wie in »Gegenstück«) als auch eine Reaktion darauf (wie in »entgegenwirken«). Die Etymologie des Wortes ist von Greenson (1967) behandelt worden.

In der psychoanalytischen Literatur zur Gegenübertragung nach Freud gibt es eine Anzahl verschiedener Entwicklungslinien. Mehrere Autoren haben verlangt, der Begriff solle genau in dem Sinne weiterverwendet werden, in welchem er ursprünglich gebraucht worden war, also auf diejenigen ungelösten Konflikte und Probleme beschränkt bleiben, die beim Analytiker in der Arbeit mit dem Patienten geweckt werden und dann seine Effektivität behindern (Stern, 1924, Fliess, 1953). So sagt Fliess: »Gegenübertragung ist immer ein Widerstand und muß immer analysiert werden«. Winnicott (1960) kennzeichnet die Gegenübertragung als »die neurotischen Züge des Analytikers, die seine *professionelle Ein-*

* Dieser Empfehlung ist nicht allgemein gefolgt worden, wahrscheinlich aufgrund der Tatsache, daß die Lehranalysen sehr viel länger und daher auch gründlicher geworden sind. Zweitanalysen sind bei Analytikern jedoch nicht ungewöhnlich, besonders dort, wo persönliche Schwierigkeiten in oder außerhalb der Arbeit wahrgenommen werden.

stellung beeinträchtigen und den vom Patienten her bestimmten Gang des analytischen Prozesses stören«. Andere Autoren haben zwar das ursprüngliche Konzept mehr oder weniger beibehalten, betonen aber, daß Gegenübertragungsprobleme vorwiegend aus der Übertragung des Therapeuten auf den Patienten entstünden (A. Reich, 1951; Gitelson, 1952; Hoffer, 1956; Tower, 1956). Zum Beispiel schreibt A. Reich, daß der Analytiker »den Patienten mögen oder auch nicht mögen kann. Sofern es sich dabei um bewußte Einstellungen handelt, hat dies noch nichts mit Gegenübertragung zu tun. Wenn diese Gefühle jedoch stärker werden, dann können wir ziemlich sicher sein, daß die unbewußten Gefühle des Analytikers, seine eigenen Übertragungen auf den Patienten, das heißt seine Gegenübertragung ins Spiel gekommen ist«. Sie fährt fort: »Gegenübertragung umfaßt somit die Wirkungen eigener unbewußter Bedürfnisse und Konflikte des Analytikers auf sein Verständnis oder seine Technik. In solchen Fällen repräsentiert der Patient für den Analytiker ein Objekt der Vergangenheit, auf das frühere Gefühle und Wünsche projiziert werden ... dies ist Gegenübertragung im eigentlichen Sinne« (1951).

Unglücklicherweise werden die Auffassungen jener Autoren, die die Gegenübertragung als Resultat der Übertragung des Analytikers auf den Patienten betrachten, wieder unklar, weil sie versäumen, die genaue Bedeutung ihrer Verwendungsweise des Übertragungsbegriffs anzugeben (s. Kap. 4). Einige scheinen die Gegenübertragung auf Freuds ursprüngliches Übertragungskonzept zu beziehen, während andere wieder sie mit sämtlichen Beziehungsaspekten gleichsetzen (z. B. English und Pearson, 1937). Im letztgenannten Sinne setzte M. Balint in einer seiner frühesten Arbeiten die Gegenübertragung (1933) gleich mit der Übertragung des Analytikers auf den Patienten; später (M. und A. Balint, 1939) erweiterte er die Bedeutung des Begriffs so, daß er alles umfaßt, was die Persönlichkeit des Analytikers enthüllt (selbst die Lage der Kissen auf der Couch). Noch später (1949) verwendet M. Balint den Begriff der Gegenübertragung ganz eindeutig zur Kennzeichnung aller Einstellungen und Verhaltensweisen des Analytikers gegenüber seinem Patienten. Im Unterschied zu Freud gehört bei Balint auch die berufliche Haltung des Analytikers gegenüber dem Patienten zur Gegenübertragung.

Eine wesentliche Entwicklung der psychoanalytischen Literatur zur Gegenübertragung setzte ein, als man sie als Phänomen zu sehen begann, das dem Analytiker eine bedeutsame Verständnishilfe für den verborgenen Sinn der Mitteilungen des Patienten bietet. Der entscheidende neue Gedanke besagte, daß der Analytiker Wahrnehmungs- und Verstehenselemente für die sich im Patienten abspielenden Vorgänge besitzt, und daß diese Elemente nicht unmittelbar bewußt sind, aber vom Analytiker entdeckt werden können, wenn er seine eigenen Assoziationen beobachtet, während er dem Patienten zuhört. Dieser Gedanke ist schon in Freuds Ausführungen über den Wert der neutralen oder »gleichschwebenden« Aufmerksamkeit (1909 b, 1912 b) enthalten, doch die erste direkte Feststellung einer positiven Seite der Gegenübertragung stammt von Heimann (1950, 1960); sie wurde von anderen dann (etwa Little, 1951, 1960 b) weiter ausgeführt. Heimann ging davon aus, daß Gegenübertragung all die Gefühle umfasse, die der Analytiker in der Beziehung zum Patienten erlebt. Der Analytiker soll in der Lage sein, »die in ihm erweckten Gefühle *festzuhalten*, statt sie (wie der Patient) abzuführen, und sie der analytischen Aufgabe einzuordnen, in der er als das Spiegelbild des Patienten funktioniert«. Ihre Grundannahme besagt: »Das Unbewußte des Analytikers versteht das des Patienten. Dieser Rapport in der tiefen Schicht kommt in Form von Gefühlen an die Oberfläche, die der Analytiker als Reaktion auf den Patienten, als seine ›Gegenübertragung‹ bemerkt« (1950). Sie vertritt die Ansicht, der Analytiker müsse seine gefühlsmäßige Reaktion auf den Patienten — seine Gegenübertragung — als Schlüssel zum Verständnis gebrauchen. Mit anderen Worten, ein Analytiker kann sich bewußt werden, daß sich in ihm gefühlsgetönte Reaktionen auf den Patienten einstellen, die er nicht unmittelbar mit dem oberflächlichen Inhalt der Assoziationen des Patienten verknüpfen kann, die aber dennoch auf die Existenz einer Rolle verweisen, die dem Analytiker vom Patienten unbewußt aufgezwungen wird. Die Wahrnehmung seiner eigenen Reaktionen kann somit ein zusätzlicher Weg zum Verständnis der unbewußten seelischen Vorgänge des Patienten sein. Es ist bemerkenswert, daß diese Erweiterung des Gegenübertragungs-Konzepts ähnlich der Änderung ist, die Freud an seinem Übertragungskonzept vornahm, die zunächst nur als Hindernis, später jedoch als Vorteil für die Behandlung gesehen wurde. Wie bei anderen psychoanalytischen Begriffen hat das Anfügen weiterer Bedeutungen auch beim Begriff der »Gegenübertragung« zu einer Verringerung der Bedeutungsschärfe geführt. Es ist zwar kaum zu bezweifeln, daß die Gesamtheit der Gefühle des Analytikers seinem Patienten gegenüber von Interesse für diejenigen sein muß, die die Arzt-Patient-Beziehung in vielerlei Situationen erforschen, doch kann man in Frage stellen, ob die Erweiterung des Gegenübertragungs-Begriffs auf *alle* Gefühle hinsichtlich des Patienten nützlich ist.

Ein Großteil der psychoanalytischen Literatur zur Gegenübertragung läßt die Anhängerschaft der Autoren zu der einen oder anderen oder beiden oben genannten Auffassungen erkennen, das heißt, daß die Gegenübertragung entweder als ein Hindernis oder ein wertvolles Werkzeug für die analytische Arbeit gesehen wird. Die damit verbundenen Probleme sind in der psychoanalytischen Literatur angeführt worden (z. B. Orr, 1954). Kernberg hat in einer Übersicht über die Arbeiten zur Gegenübertragung (1965) darauf hingewiesen, daß die Erweiterung des Begriffs auf alle emotionellen Reaktionen des Analytikers Verwirrung stiftet und dem Begriff jegliche spezifische Bedeutung nimmt. Er führt jedoch auch Einwände gegen die frühere Auffassung der Gegenübertragung als »Widerstand« oder »blinder Fleck« des Analytikers an, da sie die Bedeutung der Gegenübertragung durch die Implikation einschränkt, daß sie eine Reaktion darstelle, die ›unangemessen‹ ist. Unter solchen Bedingungen kann eine »phobische« Einstellung des Analytikers seinen eigenen emotionellen Reaktionen gegenüber aufkommen und sein Verständnis für den Patienten eingeengt werden. Im Einklang mit einigen anderen (z. B. Winnicott, 1949) hebt er hervor, daß uneingeschränkte Nutzung der Gefühlsreaktionen des Analytikers besonders dort wichtig ist, wo es um die Behandlung von Patienten mit tiefen Persönlichkeitsstörungen und anderer schwer gestörter oder psychotischer Patienten geht. Hoffer hat den Versuch unternommen, etwas von der Unklarheit des Begriffs zu beseitigen, indem er die Übertragung des Analytikers auf den Patienten von seiner Gegenübertragung unterschied, brachte aber dann auf idiosynkratische Weise die Übertragung des Analytikers mit seiner Menschlichkeit und seinem Verständnis für die realistischen Bedürfnisse des Patienten in Verbindung und die Gegenübertragung mit den intrapsychischen Reaktionen des Analytikers, einschließlich seiner Verstehensschranken für das Material des Patienten (1956).

Ein in der analytischen Literatur ständig wiederkehrendes Thema ist, daß Gegenübertragungsphänomene wesentliche Begleiterscheinungen der psychoanalytischen Behandlung sind. Eine der klarsten Feststellungen hierzu stammt von Sharpe (1947), die schreibt: »Wenn man sagt . . . daß auch der Analytiker noch Komplexe, blinde Flecken und Verstehensgrenzen habe, so besagt dies lediglich, daß er nach wie vor ein menschliches Wesen bleibt. Wenn er das einmal nicht mehr sein sollte, dann ist er auch kein guter Analytiker mehr«. Sie setzt hinzu: »Man spricht von der Gegenübertragung oft so, als sei damit eine Liebeshaltung gemeint. Die Gegenübertragung, die zu Schwierigkeiten führt, ist unbewußt, gleichviel ob es sich um eine infantil negative oder positive oder um ein Wechseln beider handelt . . . Wir unterliegen einer Selbsttäuschung, wenn wir keine Gegenübertragung zu haben glauben. Es ist ihre Qualität, die ausschlaggebend ist«. Ähnlich verweist A. Reich (1951) darauf, daß die »Gegenübertragung eine notwendige Voraussetzung für die Analyse ist. Wenn sie nicht existiert, so mangelt es am notwendigen Talent und Interesse. Sie muß jedoch schattenhaft sein und im Hintergrund bleiben«. Auch Spitz (1956) und Little (1960 b) haben sich ähnlich geäußert; letztere sagt: »Ohne unbewußte Gegenübertragung könnte es weder Empathie noch Analyse geben«. Money-Kyrle (1956) bezeichnet die Empathie als die »normale« Gegenübertragung.

Wir können sehen, daß der Begriff der Gegenübertragung im Laufe der Jahre erweitert wurde und eine Anzahl unterschiedlicher Bedeutungen angenommen hat, die unausweichlich die Präzision vermindern, mit der er anfänglich gebraucht wurde. Am gegenwärtigen Gebrauch des Begriffs lassen sich folgende Hauptelemente und Bedeutungen unterscheiden (einige davon sind von Little, 1951, aufgeführt worden):

1. »Widerstände« im Analytiker aufgrund einer Aktivierung eigener innerer Konflikte. Sie stören das Verständnis und die Handhabung der Analyse, indem sie »blinde Flecken« entstehen lassen (Freud, 1910 a, 1912 b).
2. Die »Übertragungen« des Analytikers auf seinen Patienten. Der Patient ist durch sie zu einem gegenwärtigen Ersatz für eine wichtige Figur aus der Kindheit des Analytikers geworden (z. B. A. Reich, 1951, 1960).
3. Die Störung der Kommunikation zwischen Analytiker und Patient aufgrund von Angst, die in der Patient-Analytiker-Beziehung beim Analytiker erweckt wurde (M. B. Cohen, 1952).
4. Persönlichkeitsmerkmale des Analytikers, die sich in seiner Arbeit widerspiegeln und möglicherweise zu Schwierigkeiten in der Therapie führen (z. B. M. und A. Balint, 1939); oder die Gesamtheit der bewußten und unbewußten Einstellungen des Analytikers gegenüber seinem Patienten (z. B. Balint, 1949; Kemper, 1966).
5. Spezifische Beeinträchtigungen des Analytikers, die durch *besonders geartete Patienten* hervorgerufen werden; auch die spezifische Reaktion des Analytikers auf die Übertragung seines Patienten (z. B. Gitelson, 1952).
6. Die »angemessene« oder »normale« Gefühlsreaktion des Analytikers auf seinen Patienten. Diese kann ein wichtiges therapeutisches Instrument (Heimann, 1950, 1960; Little, 1951) und eine Grundlage für Empathie und Verstehen sein (Heimann, 1950, 1960; Money-Kyrle, 1956).

Zweifellos ist die Definition des technischen Begriffs Gegenübertragung zu eng, wenn sie auf die Übertragung des Analytikers auf seinen Patienten begrenzt wird; sie ist dann auch zu sehr an die spezifische Definition der Übertragung gebunden (Kap. 4 und 5). Eine Ausweitung des Begriffs auf alle bewußten und unbewußten Einstellungen des Analytikers, einschließlich seiner Persönlichkeitsmerkmale macht den Begriff jedoch praktisch wertlos. Auf der anderen Seite sollte man auch die wertvolle Erweiterung des Begriffs berücksichtigen, bei der diejenigen Gefühlsreaktionen des Analytikers auf seinen Patienten mit einbezogen werden, die nicht zu »Widerständen« oder »blinden Flecken« führen, sondern die er, sofern er sich ihrer bewußt zu werden vermag, als ein Mittel einsetzen kann, um (durch Reflektion der eigenen psychischen Reaktionen) Einsichten in die Bedeutung von Mitteilungen und Verhaltensweisen des Patienten zu erlangen.

Als Folgerung aus dem Gesagten erscheint die Auffassung, die die Gegenübertragung als eine spezifische Gefühlsreaktion des Analytikers auf spezifische Qualitäten seines Patienten bezeichnet, als die brauchbarste. Sie schließt die *allgemeinen* Merkmale der Persönlichkeit des Analytikers und seiner innerpsychischen Struktur (die seine gesamte Arbeit mit allen Patienten färbt oder beeinflußt) aus und besagt

1. daß es beim Analytiker Gegenübertragungs-Reaktionen gibt, und daß diese während der gesamten Analyse existieren;
2. daß Gegenübertragung zu Schwierigkeiten in der Analyse oder zu unsachgemäßer Handhabung der Analyse führen kann. Dies geschieht, wenn es dem Analytiker nicht gelingt, sich bestimmter Aspekte seiner Gegenübertragungs-Reaktionen bewußt zu werden, oder wenn er sie auch dann nicht bewältigen kann;
3. daß ständige Selbstbeobachtung des Analytikers im Hinblick auf seine Gefühle und Einstellungen dem Patienten gegenüber zu vermehrten Einsichten in die Vorgänge führen kann, die im Patienten ablaufen.

Obwohl es in der Literatur nicht besonders hervorgehoben wurde, möchten wir anfügen, daß die *berufliche Einstellung* des Therapeuten, die ihm gestattet, eine gewisse »Distanz« zum Patienten zu halten und doch zugleich in Kontakt mit den eigenen und den Gefühlen des Patienten zu bleiben, bei der Durchführung der Arbeit höchst dienlich ist. Diese berufliche Haltung (die keineswegs dasselbe ist wie eine ausweichende Vermeidungshaltung) stellte einen der Faktoren dar, die es Analytikern ermöglichen, bei ihren Patienten auch Material zu verstehen, das in ihren eigenen Lehranalysen nicht zureichend analysiert wurde. Sie ist — von der intellektuellen Einsicht abgesehen — auch einer der Faktoren, der es manchen nicht analysierten Therapeuten ermöglicht, eine gute Therapie zu leisten, besonders bei Kontrolle durch einen Analytiker. Sie ist wahrscheinlich zum Teil für die Tatsache verantwortlich, daß manche Analytiker besser arbeiten als diejenigen, die sie ausgebildet haben.

Gleichzeitig möchten wir aber ausdrücklich betonen, daß wir die Bedeutung der eigenen Analyse bei der Ausbildung von Analytikern oder die Gegenübertragungs-Widerstände beim Analytiker aufgrund von blinden Flecken, die auf ungelöste Konflikte zurückgehen, in keiner Weise unterschätzen.

Der Begriff der Gegenübertragung läßt sich unschwer über die psychoanalytische Behandlung hinaus erweitern; Beachtung der Gegenübertragung kann ein nützliches Element in jeder Arzt-Patient- oder Therapeut-Patient-Beziehung sein. Es folgt daraus, daß er auch für den Kliniker bei der Beobachtung seiner Reaktionen auf seinen Patienten wertvoll wird, und darüber hinaus ihm auch beim Verständnis für die Reaktionen von Mitarbeitern in seiner klinischen Institution helfen kann. Main (1957) zum Beispiel beschrieb eine Gruppe von Patienten, die bei Ärzten und Personal in einer psychiatrischen Klinik eine ganz bestimmte Reaktionsweise hervorrief. Er meint, daß diese Reaktion zwar sehr wohl auch einen Bezug zu den inneren Problemen und Konflikten der Klinikangehörigen hat, die durch solche Patienten stimuliert werden, aber daß es sich auch um die Manifestation der Psychopathologie der Patienten selbst handelt. Die Beobachtung von Gegenübertragungs-Reaktionen kann so auch von diagnostischem Wert sein. Zum Beispiel merkte Hill an (1956), daß ein Gefühl von Irritiertheit beim Arzt eine Hysteriediagnose für den Patienten nahelegen kann.

7 Widerstand

Während sich das *Behandlungsbündnis* (Kap. 3) und einige Aspekte der *Übertragung* (Kap. 4 und 5) auf Tendenzen im Patienten beziehen, die auf Erhalt der Behandlungsbeziehung hinwirken, geht es beim Begriff des Widerstandes um Elemente und Kräfte, die dem Behandlungsprozeß entgegengerichtet sind. Obwohl Widerstand mehr ein technischer als ein psychologischer Begriff ist (Kap. 1) und ursprünglich im Zusammenhang mit der psychoanalytischen Behandlung geprägt wurde, läßt er sich dennoch ohne substantielle Änderung leicht auf andere therapeutische Situationen erweitern.

Widerstand als technischer Begriff erschien erstmals in Freuds Schilderungen seiner frühen Versuche, ›vergessene‹ Erinnerungen bei seinen hysterischen Patienten wiederzubeleben. Vor der Entwicklung der analytischen Technik der freien Assoziation, als Freud noch Hypnose und »Druck«-Prozedur verwandte (s. Kap. 2), galt all das als Widerstand, was sich im Patienten den Beeinflussungsversuchen des Arztes widersetzte. Er erblickte in diesen Gegenkräften in der Behandlung das Spiegelbild jener Kräfte, die die Dissoziation aufrechterhielten. Er bemerkte dazu (1895): »... eine psychische Kraft ... hatte ursprünglich die pathogene Vorstellung aus der Assoziation gedrängt und widersetzte sich ihrer Wiederkehr in der Erinnerung. Das Nichtwissen des Hysterischen war also eigentlich ein — mehr oder minder bewußtes — Nichtwissenwollen, und die Aufgabe des Therapeuten bestand darin, diesen Assoziationswiderstand ... zu überwinden«. Freud war der Meinung, daß es Widerstand auch bei anderen pathologischen Zuständen als bei Hysterie und Zwangsneurose (den »Abwehr-Neurosen«) gebe, etwa bei psychotischen Zuständen. Bei der Schilderung eines Falles von chronischer Paranoia (1896) sagte er: »Ich ging dabei von der Voraussetzung aus, es müsse bei dieser Paranoia wie bei den zwei anderen mir bekannten Abwehrneurosen unbewußte Gedanken und verdrängte Erinnerungen geben, die auf dieselbe Weise wie dort ins Bewußtsein zu bringen seien, unter Überwindung eines gewissen Widerstandes ... Eigentümlich war nur, daß sie die aus dem Unbewußten stammenden Angaben zumeist wie ihre Stimmen innerlich hörte oder halluzinierte«. Aus seiner Schilderung dieses Falles wird deutlich, daß er den Unterschied des Materials von Psychotikern einerseits und Neurotikern andererseits mehr als formal denn als inhaltlich ansah. Was beim Neurotiker als Phantasie oder als Traum erscheint, taucht beim Psychotiker als Überzeugung auf (siehe die Erörterung der psychotischen Übertragung in Kap. 5).

Als Widerstandsmotive werden die Gefahren der Wiederbelebung schmerzlicher Vorstellungen und Affekte gesehen. Die verdrängten Vorstellungen (die sich der Erinnerung widersetzten) wurden charakterisiert als »sämtlich peinlicher Natur, geeignet, die Affekte der Scham, des Vorwurfs, des psychischen Schmerzes, die Empfindung der Beeinträchtigung hervorzurufen ...« (1895). Der Übergang der Psychoanalyse in ihre zweite Phase (Rappaport, 1959) und die Entdeckung der Bedeutung innerer Triebregungen und Wünsche (im Unterschied zu schmerzlichen Realerlebnissen) für die Konfliktentstehung und die Abwehrmotivation brachte keine wesentliche Veränderung des Begriffs vom Widerstand. Es wurde nun aber klar, daß sich der Widerstand nicht nur auf die Erinnerung schmerzlicher Erlebnisse, sondern auch gegen das Bewußtwerden unannehmbarer Triebregungen richtete. In einer Arbeit über »Die Freudsche psychoanalytische Methode« (1904), die Freud selbst verfaßt hatte, heißt es: »Das Moment des Widerstandes ist eines der Fundamente seiner Theorie geworden. Die sonst unter allerlei Vorwänden ... beseitigten Einfälle betrachtet er aber als Abkömmlinge der verdrängten psychischen Gebilde (Gedanken und Regungen), als Entstellungen derselben infolge des gegen ihre Reproduktion bestehenden Widerstandes ... Je größer der Widerstand, desto ausgiebiger diese Entstellung«.

In dieser Formulierung wird ein neues Element erkennbar. Widerstand galt nicht mehr nur als völlige Unterdrückung unannehmbarer psychischer Inhalte, sondern er wurde auch als Ursache für die *Entstellung* unbewußter Regungen und Erinnerungen betrachtet, so daß diese in den freien Assoziationen des Patienten *in verhüllter Form* auftraten. In diesem Zusammenhang wurde klar, daß der Widerstand genau die gleiche Funktion hat wie der »Zensor« im Traum (Freud, 1900): er bewirkt, daß unannehmbare Gedanken, Gefühle oder Wünsche am Bewußtwerden gehindert werden.

Die Verbindung zwischen dem Therapiephänomen des Widerstandes und solchen »entstellenden« oder »Zensur«-Vorgängen ließ zwanglos die Formulierung zu, daß es sich beim Widerstand nicht um etwas handelt, das in der Analyse zeitweilig auftritt, sondern das in der Behandlung ständig wirksam ist. Der Patient »möge nicht aus den Augen verlieren, daß eine Behandlung wie die unserige unter *beständigem Widerstande* vor sich gehe« (1909 c). In dieser Arbeit erwähnte Freud auch die Befriedigung, die Patienten aus ihrem Leiden beziehen, ein Gedanke, den er an anderer Stelle noch näher ausführte und auf den wir später in die-

sem Kapitel zurückkommen wollen, wenn wir den Gewinn aus dem Leiden und aus der Befriedigung des Strafbedürfnisses behandeln.
In Kapitel 4 wiesen wir darauf hin, welche Bedeutung Freud der Beziehung zwischen Übertragung und Widerstand beimaß. Die sogenannten Übertragungswiderstände wurden als die stärksten Hindernisse auf dem Wege der psychoanalytischen Behandlung angesehen (1912 a, 1940). Gedanken und Gefühle zur Person des Therapeuten können als Folge der Tendenz des Patienten auftreten, verdrängte Einstellungen, Gefühle und Erlebnisse wiederzuerleben anstatt sie zu erinnern. Sie neigen dazu, im Hier-und-jetzt der analytischen Situation erneut aufzutreten. Die Entwicklung solcher Übertragungen von der Erlebnisweise früherer Bezugspersonen auf den Analytiker kann die stärksten Widerstände gegenüber der freien Assoziation hervorrufen, denn die neuen Gefühle des Patienten gegenüber dem Analytiker können als höchst bedrohlich erlebt werden: »... der Analysierte (wird) aus seinen realen Beziehungen zum Arzte herausgeschleudert, sobald er unter die Herrschaft eines ausgiebigen Übertragungswiderstandes gerät, er (nimmt) sich dann die Freiheit heraus, die psychoanalytische Grundregel zu vernachlässigen, daß man ohne Kritik alles mitteilen solle, was einem in den Sinn kommt, er (vergißt) die Vorsätze, mit denen er in die Behandlung getreten war, ... logische Zusammenhänge und Schlüsse (werden ihm) nun gleichgültig ...« (1912 a).

Quellen und Arten des Widerstands

Zu jener Zeit unterschied Freud hinsichtlich der Quellen des Widerstands bei Analysierten hauptsächlich zwischen *Übertragungs-Widerstand* und *Verdrängungs-Widerstand*, wobei er den letzteren als den der psychischen Struktur des Patienten innewohnenden Widerstand gegen das Bewußtwerden schmerzlicher oder gefährlicher Regungen und Erinnerungen faßte. Während Übertragungs-Widerstände verschwinden und sogar durch Übertragungs-Bindungen ersetzt werden können, die das Behandlungsbündnis stärken, sind Verdrängungs-Widerstände als stets gegenwärtige, (wenn auch fluktuierende) Kräfte zu verstehen, die den Zielen der Behandlung entgegenwirken.
1926 war es Freud dann möglich, fünf Hauptarten und -quellen des Widerstands zu unterscheiden (1926 a):

1. *Verdrängungswiderstand;* er wurde als die in der Behandlung erscheinende Äußerungsform des Bedürfnisses des Patienten verstanden, sich vor Triebregungen, Erinnerungen und Gefühlen zu schützen, deren Auftauchen in seinem Bewußtsein einen schmerzlichen Zustand oder

die Gefahr eines solchen Zustandes hervorrufen würde. Der Verdrängungswiderstand kann auch als Ausdruck des »primären Krankheitsgewinnes« der Neurose gesehen werden, insofern die neurotischen Symptome Gebilde sind, die die letzte Zuflucht auf der Suche nach Schutz vor dem Bewußtwerden peinlicher oder schmerzlicher Inhalte darstellen. Der Prozeß des freien Assoziierens in der Analyse schafft für den Patienten eine ständige potentielle Gefahrsituation, weil dieser Prozeß auf das Verdrängte wie ein Stimulus wirkt und dadurch wiederum der Verdrängungswiderstand mobilisiert wird. Je näher das Verdrängte dem Bewußtsein kommt, um so stärker wird der Widerstand, und es ist die Aufgabe des Analytikers, durch seine Deutungen das Bewußtwerden solcher Inhalte in einer Form zu ermöglichen, die der Patient ertragen kann (s. Kap. 10).

2. *Übertragungswiderstand;* dieser ist zwar seinem Wesen nach dem Verdrängungswiderstand ähnlich, hat aber die besondere Eigenschaft, daß er die infantilen Regungen und den Kampf gegen diese in direkter oder abgewandelter Form in der Beziehung zur Person des Analytikers zur Darstellung bringt (s. Kap. 4). Die analytische Situation hat psychisches Material in Form einer aktuellen Realitätsentstellung wiederbelebt, das verdrängt oder sonstwie bearbeitet worden war (beispielsweise durch Abfuhr in das neurotische Symptom). Diese Wiederbelebung der Vergangenheit in der analytischen Situation führt zum Übertragungswiderstand. Auch hier ist es Aufgabe des Analytikers, durch seine Interventionen das Auftauchen von Übertragungsinhalten in einer tolerierbaren Form zu unterstützen. Zu den Übertragungswiderständen gehören sowohl das bewußte Zurückhalten von Gedanken über den Analytiker als auch die Abwehr unbewußter Übertragungsvorstellungen.
3. *Widerstand aus dem (sekundären) Krankheitsgewinn;* obwohl das Symptom zunächst als ›Fremdkörper‹, als etwas Unerwünschtes erlebt werden mag, findet häufig ein »Assimilierungsvorgang« des Symptoms in die psychische Organisation der Person statt. Freud stellte es so dar: »Im weiteren Verlaufe benimmt sich das Ich so, als ob es von der Erwägung geleitet würde: das Symptom ist einmal da und kann nicht beseitigt werden; nun heißt es, sich mit dieser Situation befreunden und den größtmöglichen Vorteil aus ihr zu ziehen« (1926 a). Solche sekundären Gewinne aus Symptomen sind bekannt in Gestalt der Vorteile und Befriedigungen, die aus dem Kranksein, der Pflege oder dem Mitgefühl anderer bezogen werden, oder auch aus der Befriedigung aggressiver und rachsüchtiger Regungen an denjenigen, die gezwungen sind, am Leiden des Patienten teilzunehmen. Sekundärer

Gewinn mag dem Patienten auch aus der Befriedigung eines Strafbedürfnisses oder verborgener masochistischer Regungen erwachsen. Die extremsten Beispiele für den sekundären Krankheitsgewinn bieten Patienten mit »Kompensations-Neurosen«, oder Patienten, die wegen ihres sekundären, aus der Gesellschaft bezogenen Krankheitsgewinns krank bleiben, wenn beispielsweise ›Wohlfahrts‹-Leistungen die Höhe des Lohnes überschreiten, der durch Arbeit erworben werden könnte. Die Weigerung des Patienten, solche sekundären Vorteile aus dem Kranksein aufzugeben, macht diese besondere Form des Widerstandes aus.

4. *»Es-Widerstand«*, der auf den Widerstand der Triebregungen gegenüber jeglicher Veränderung ihrer Modalität und Äußerungsweise zurückgeht. Freud sagte (1926 b): »Endlich kann man sich vorstellen, daß es nicht ohne Schwierigkeiten abgeht, wenn ein Triebvorgang, der durch Dezennien einen bestimmten Weg gegangen ist, plötzlich den neuen Weg gehen soll, den man ihm eröffnet hat«. Zur Beseitigung dieser Widerstandsform ist das erforderlich, was Freud »Durcharbeiten« genannt hat (s. Kap. 11).*
5. *Über-Ich-Widerstand*, der dem Schuldgefühl oder Strafbedürfnis des Patienten entstammt. Freud war der Meinung, daß der Über-Ich-Widerstand für den Analytiker am schwersten zu erkennen und zu handhaben sei. Er spiegelt die Wirkung eines »unbewußten Schuldgefühls« (1923) wider und bildet die Erklärung für anscheinend paradoxe Reaktionen des Patienten auf jeglichen Vorgang der analytischen Arbeit, der die Befriedigung der einen oder anderen Regung repräsentiert, die er aufgrund seiner Gewissensforderungen abgewehrt hatte. So mag etwa ein Patient mit starken Schuldgefühlen wegen seines Wunsches, der Lieblingssohn zu sein und über seine Geschwister zu triumphieren, mit Widerstand auf jegliche Veränderung reagieren, die eine Situation herbeizuführen droht, in der er erfolgreicher als seine Rivalen sein könnte. Oder ein Patient mit starken unbewußten Schuldgefühlen

---

* Diese Art des Widerstandes in der Behandlung läßt sich als Folge eines mehr allgemeinen seelischen Widerstandes gegenüber dem Aufgeben erworbener Gewohnheiten und Funktionsweisen verstehen — ein Widerstand gegen das »Rückgängigmachen von Erlerntem«. Ein Aspekt des Begriffs »Durcharbeiten« wären Lernvorgänge zur Einübung neuer Funktionsweisen und zur Hemmung der älteren, mehr verfestigten Funktionsmuster. Es ist dies ein Vorgang, der als wesentlicher Bestandteil der analytischen Arbeit angesehen wird. Der »Es-Widerstand« ist in der psychoanalytischen Literatur auch als »Trägheit« oder »Klebrigkeit« der Libido beschrieben worden.

wegen bestimmter sexueller Wünsche mag mit heftigem Widerstand reagieren, wenn diese Wünsche durch den analytischen Prozeß freigelegt werden. Der »Über-Ich-Widerstand« läßt sich am folgenden Beispiel veranschaulichen: Ein Patient hat etwas gedacht, was in ihm Schuldgefühle weckte; er verdrängt diesen Gedanken wieder und kommt zur Behandlungsstunde mit einem Unlustgefühl; dieses wird schließlich als Schuldgefühl identifiziert, das ihn zum Widerstand gegen die analytische Arbeit veranlaßte. Die Extremform des Über-Ich-Widerstandes findet sich bei der »negativen therapeutischen Reaktion«, die in Kapitel 8 besprochen wird.

Freud sah das Phänomen des Widerstandes in der Behandlung als eng (doch nicht ausschließlich) verknüpft mit dem gesamten Bereich der Abwehrmechanismen des Patienten, wenn er auch häufig den Ausdruck »Verdrängung« synonym mit der Abwehr im allgemeinen gebrauchte. Diese Mechanismen werden entwickelt und eingesetzt, um Gefahrsituationen zu bewältigen (besonders Gefahren, die sich einstellen würden, wenn unbewußten sexuellen oder aggressiven Wünschen im Bewußtsein oder Handeln unmittelbarer und ungehinderter Ausdruck gestattet würde), und umfassen Abwehrmechanismen wie Projektion, Ungeschehenmachen, Intellektualisieren, Rationalisieren, Identifizierung mit dem Angreifer, Reaktionsbildung und so weiter. »Die entscheidende Tatsache ist nämlich, daß die Abwehrmechanismen gegen einstige Gefahren in der Kur als *Widerstände* gegen die Heilung wiederkehren. Es läuft darauf hinaus, daß die Heilung selbst vom Ich wie eine neue Gefahr behandelt wird« (Freud, 1937 a).

Freud hat sich mehrfach zur Beziehung zwischen der Art des Widerstandes und der Natur der dahinterliegenden Abwehrorganisation geäußert. Zum Beispiel beschrieb er bestimmte Arten von Entstellung der freien Assoziation, die er als charakteristisch für die Zwangsneurotiker betrachtete (1909 c). Aber wenn auch die Art des Widerstandes als Hinweis auf Aspekte der Pathologie des Kranken genommen wurde, so betrachtete Freud sie doch im wesentlichen als Hindernisse für die analytische Arbeit.

1936 hob Anna Freud in ihrem Buch *Das Ich und die Abwehrmechanismen* hervor, in welchem Maße die Widerstände Hinweise auf das seelische Geschehen im Patienten bieten können. Insofern sie die Art des Konflikts und der dagegen eingesetzten Abwehr widerspiegeln, sind sie in sich Gegenstand analytischer Betrachtung. Die Widerstandsanalyse kann im wesentlichen als Analyse derjenigen Aspekte der Abwehr des Patienten gesehen werden, die in das pathologische Ergebnis seiner Konflikte Eingang gefunden haben und daran mitbeteiligt sind. »Abwehr-

Analyse« auf dem Wege der Widerstandsanalyse ist zu einem wichtigen Teil der psychoanalytischen Technik geworden (Hartmann, 1951; Glover, 1955; A. Freud, 1965).

In einer Reihe von Veröffentlichungen führte Wilhelm Reich (1928, 1929, 1933) aus, daß bestimmte Patienten festgelegte Charakterzüge entwickelt hatten, die Ergebnis einstiger Abwehrvorgänge waren und die sich sowohl in der Persönlichkeit als auch im analytischen Prozeß als charakteristisch »fixierte« Einstellungen zeigten. Reich bezeichnete sie als »Charakterpanzerung«; er war der Meinung, daß Widerstände aufgrund solcher »fixierter« Persönlichkeitsmerkmale den anfänglichen primären Fokus der analytischen Arbeit bilden sollten, während Anna Freud die Ansicht vertrat, daß sie nur dann in den Vordergrund gerückt werden sollten, wenn sich keine Spur eines aktuellen Konfliktes entdecken ließe (A. Freud, 1936).

1939 schlug Helene Deutsch eine dreifache Klassifizierung der Widerstandsarten vor: 1. die intellektuellen oder »intellektualisierenden« Widerstände, 2. die Übertragungswiderstände, und 3. diejenigen Widerstände, die infolge des Bedürfnisses des Kranken erscheinen, sich vor der Erinnerung des Kindheitsmaterials zu wehren. Sie gab eine *ausführliche* Darstellung der ersten Gruppe, worin sie bemerkte, daß Patienten mit intellektuellen Widerständen versuchen, das analytische *Erleben* durch intellektuelles *Begreifen* zu ersetzen. Solche Widerstände findet man bei hoch intellektuellen Personen, bei Zwangsneurotikern und Patienten »mit gehemmten oder gestörten Affekten, die nach Verdrängung der affektiven Seite ihres Lebens die intellektuelle Seite als einziges Ausdrucksmittel ihrer Persönlichkeit übrigbehalten haben«.

Trotz der engen Verknüpfung von Widerstand und Abwehr ist wiederholt betont worden, daß Widerstand nicht synonym mit Abwehr ist (Gerö, 1951; Loewenstein, 1954; Lorand, 1958). Die Abwehr des Patienten bildet einen integralen Bestandteil seiner psychischen Struktur, der Widerstand dagegen stellt die Versuche des Patienten dar, sich vor der Bedrohung seines psychischen Gleichgewichts zu schützen, die vom analytischen Verfahren ausgeht. Greenson (1967) drückt es so aus: »Die Widerstände schützen den *status quo* der Neurose des Patienten. Die Widerstände widersetzen sich dem Analytiker, der analytischen Arbeit und dem vernünftigen Ich des Patienten«.

Eine Untersuchung der analytischen Literatur nach Freud ergibt, daß der *Begriff* des Widerstandes in der Psychoanalyse im wesentlichen unverändert geblieben ist. Die *Formen* jedoch, die der Widerstand annehmen kann, sind detailliert beschrieben worden, und es ist nicht zu bezweifeln, daß die Sensibilität für feine Anzeichen von Widerstand immer mehr zu einem bedeutsamen Teil des therapeutischen Repertoires des Analytikers geworden ist. Man kann mit einigem Gewinn der deskriptiven Differenzierung von Glover (1955) folgen und zwischen den »offenkundigen« oder »groben« Widerständen einerseits und den »unauffälligen« auf der anderen Seite unterscheiden. Die »groben« Widerstände umfassen Abbruch der Behandlung, Verspätung, Versäumen von Stunden, Schweigen, Weitschweifigkeit, automatisches Ablehnen oder Mißverstehen von allem, was der Analytiker sagt, gespielte Dummheit, ständige Zerstreutheit und Einschlafen.*

Die weniger auffälligen Widerstände verbergen sich hinter einem scheinbaren Eingehen auf die Anforderungen der analytischen Situation. Sie können erscheinen in Form von Zustimmung zu allem, was der Analytiker sagt, im Angebot von Material (beispielsweise Träumen), von dem der Patient glaubt, daß es den Analytiker besonders interessiere, und in vielen anderen Formen. Glover sagt dazu: »Im ganzen sind diese unauffälligen Widerstände gerade dadurch gekennzeichnet, daß sie nicht explosiv sind, daß sie die Oberfläche der analytischen Situation nicht durchbrechen oder schädigen, sondern daß sie in die Situation einsickern, ihr durch die Poren dringen, oder, um ein anderes Bild zu gebrauchen, sich nicht gegen den Strom stemmen, sondern mit ihm schwimmen«. Fenichel (1945 a) unterschied zwischen »akuten« Widerständen und solchen mehr verborgener Form, wobei die letzteren hauptsächlich daran erkennbar sind, daß der Patient keine Veränderung zeigt, obwohl die analytische Arbeit unbehindert fortzuschreiten scheint. Aufgrund der Schwierigkeiten, die sich einer Klassifizierung der Widerstandsformen stellen, tragen alle solche Klassifizierungsversuche den Charakter einer akademischen Übung. Die Anzahl der Formen des Widerstandes ist vermutlich unendlich, und es ist wohl fruchtbarer, die verschiedenen *Quellen* der Widerstände zu erforschen, da diese von viel geringerer Zahl sein dürften und die Motivation des einzelnen Widerstandes und seiner Funktion zu einem bestimmten Zeitpunkt aufzeigen können.

Übereinstimmung herrscht darüber, daß ein wesentlicher Teil des analytischen Prozesses darin besteht, dem Patienten seine Widerstände bewußtzumachen und ihn dahin zu bringen, daß er sie selbst als Hindernisse sehen kann, die es zu verstehen und zu überwinden gilt. Man ist sich auch einig, daß dies alles andere als eine leichte Aufgabe darstellt, weil

* Manche Widerstandsformen wie Einschlafen und Schweigen können in bestimmten Phasen der Analyse nicht nur als Widerstand, sondern auch als nichtverbale Ausdrucksweisen verdrängter Wünsche, Phantasien oder Erinnerungen betrachtet werden (Ferenczi, 1914; Khan, 1963).

der Patient oft alles unternimmt, um seinen Widerstand zu rechtfertigen und zu rationalisieren, sprich ihn als den gegebenen Umständen angemessen zu erklären. Die Bedrohung, die die analytische Arbeit für die gegebenen inneren Gleichgewichtsverhältnisse des Patienten bedeuten kann, ist möglicherweise so stark, daß er seinen Widerstand sogar durch eine »Flucht in die Gesundheit« aufrechterhält und den Behandlungsabbruch mit der Tatsache rechtfertigt, daß seine Symptome ja zumindest im Moment verschwunden seien. Hier ist die Angst vor dem, was durch die Analyse geschehen könnte, anscheinend größer als die primären und sekundären Gewinne aus den Symptomen. Die Mechanismen, mittels derer die »Flucht in die Gesundheit« bewerkstelligt wird, sind unserer Ansicht nach noch nicht wirklich verstanden, doch es ist wahrscheinlich, daß dieser Vorgang leichter stattfinden kann, wenn der sekundäre Krankheitsgewinn für das Beibehalten des Symptoms eine wichtige Rolle spielt, nachdem die primären Gewinne der Symptomatik schwächer geworden oder verschwunden sind. Die »Flucht in die Gesundheit« ist zu unterscheiden von der Symptomverleugnung, die Teil der Rechtfertigung des Patienten für den Behandlungsabbruch sein kann, wenn die aufgetretenen Widerstände stärker als das Behandlungsbündnis geworden sind.

Die Quellen des Widerstands, wie sie von Freud (1926 a) aufgeführt wurden, sind bis heute im Mittelpunkt der Theorie der Technik verblieben. Im Lichte der späteren Beiträge läßt sich seine Zusammenstellung jedoch erweitern und modifizieren; dabei ist zu beachten, daß sich in der nachstehenden Gliederung die einzelnen Kategorien deutlich überschneiden.

1. Widerstände aufgrund der Bedrohung, die das analytische Verfahren und seine Zielsetzungen für die jeweils vom Patienten vorgenommenen Adaptionen darstellt. Der Begriff der Adaption bezieht sich in diesem Zusammenhang auf die individuelle Anpassungsweise an die Kräfte, die von der Außenwelt und vom eigenen Inneren ausgehen (Sandler und Joffe, 1969). Der Verdrängungswiderstand kann hier eingeordnet werden, weil es sich um einen speziellen Fall von »Abwehrwiderstand« handelt und ja außer der Verdrängung noch andere Abwehrmaßnahmen Widerstand hervorrufen können. Die Abwehrmechanismen wiederum lassen sich als Anpassungsmechanismen betrachten; sie sind am normalen psychischen Geschehen ebenso wie an pathogenen Vorgängen beteiligt (A. Freud, 1936).
2. Übertragungs-Widerstände, wie sie im wesentlichen von Freud beschrieben wurden (s. S. 69).
3. Widerstand aus dem sekundären Krankheitsgewinn, wie von Freud beschrieben (s. S. 69—70).

4. »Über-Ich-Widerstand«, wie von Freud beschrieben (s. S. 70—71).
5. Widerstand, der durch falsches Vorgehen und ungeeignete technische Maßnahmen des Analytikers hervorgerufen wird. Solche Widerstände können im normalen Verlauf der Analyse bearbeitet werden, wenn ihre Quelle von Analytiker und Patient erkannt und zugestanden wird. Geschieht dies nicht, dann können diese Widerstände zu Behandlungsabbruch oder zu Weiterführung auf einer fragwürdigen Grundlage führen (Glover, 1955; Greenson, 1967).
6. Widerstände, die auf der Tatsache gründen, daß Veränderungen im Patienten, die durch die Analyse bewirkt wurden, zu realen Schwierigkeiten in seinen Beziehungen zu wichtigen Personen seiner Umwelt führen können. So mag etwa ein masochistischer und unterwürfiger Ehepartner einen Widerstand gegenüber Einsicht und Veränderung entwickeln, da eine solche Veränderung die Ehe bedrohen würde.
7. Widerstände, die durch die Gefahr einer Heilung und dem damit verbundenen Verlust des Analytikers ausgelöst werden. Viele Patienten bleiben in Analyse wegen der verborgenen Befriedigungen, die sie aus dem Verfahren und der analytischen Beziehung ableiten, insbesondere dann, wenn der Patient sich an eine Abhängigkeit von der Person des Analytikers als einer wichtigen Figur in seinem Leben gewöhnt hat. So mag ein Patient den Analytiker unbewußt als eine schützende oder versorgende Elternfigur wiedererleben, und sein Widerstand gegen die Heilung kann die Angst vor dem Aufgeben dieser Beziehung widerspiegeln. Solche Patienten zeigen eine Verschlechterung, wenn die Beendigung der Behandlung erwogen wird, doch handelt es sich hier nicht um eine negative therapeutische Reaktion, die eine Form des »Über-Ich-Widerstandes« ist (s. S. 70—71 und Kap. 8).
8. Widerstände aufgrund der Gefährdung des Selbstwertgefühls durch die analytische Arbeit (Abraham, 1919). Besonders bedeutsam sind sie bei Patienten, bei denen die Erweckung von *Scham* ein Hauptmotiv für ihre Abwehr ist. Solche Patienten können Schwierigkeiten haben, infantile Aspekte ihrer selbst zu ertragen, die im Verlauf der Behandlung auftauchen, weil sie diese Aspekte als beschämend erleben.
9. Widerstand gegenüber dem Aufgeben früherer adaptativer Lösungen (einschließlich neurotischer Symptome) aufgrund der Tatsache, daß solche Lösungen »zurückgelernt« oder aufgegeben werden müssen. Dieser Prozeß des Auslöschens braucht Zeit und ist ein integraler Bestandteil des Durcharbeitens (s. Kap. 11). Hierher gehört der sogenannte Es-Widerstand, aber auch Widerstände gegen Veränderung

seelischer Funktionsweisen in den organisierten und kontrollierenden Persönlichkeitsanteilen (das heißt im Ich und im Über-Ich).

10. Charakterwiderstände der von Wilhelm Reich beschriebenen Art (1928, 1929, 1933) aufgrund der »fixierten« Natur von Charakterzügen; sie können bestehen bleiben auch wenn die ursprünglichen Konflikte, durch welche sie entstanden waren, sich inzwischen vermindert oder gelöst haben; der Patient hat sie akzeptiert, da sie keine Beunruhigung darstellen.

Die beiden letztgenannten Widerstandsarten sind offensichtlich miteinander verwandt und können sogar als Formen des »Sekundärgewinns« betrachtet werden; die Grundlage des Widerstands ist jedoch anders als bei dem, was gewöhnlich als »Sekundärgewinn« bezeichnet wird. Es ist der Gedanke geäußert worden, daß eine adaptative Lösung — sei es ein neurotisches Symptom, ein Charakterzug oder eine sonstige Funktionsweise — durch die Tatsache verstärkt werden kann (und damit auch einen Widerstand gegenüber Veränderungen bilden kann, wenn der ursprüngliche »Primärgewinn« entfallen ist), daß seine Voraussagbarkeit und Verfügbarkeit als Funktionsmuster eine Verbesserung des individuellen Sicherheitsgefühls herbeiführt (Sandler, 1960 a). Sandler und Joffe (1968) haben dies hinsichtlich der Persistenz psychischer »Strukturen« ausgeführt, die als patternbildende Aspekte des Verhaltens angesehen werden. Dort heißt es: »Manche Strukturen werden entwickelt, um einen bestehenden Konflikt zu lösen. Sie können dann aber beibehalten und benützt werden, um das Gefühl von Sicherheit zu wahren, auch wenn die ursprünglich an ihrer Bildung beteiligten Impulse nicht mehr in derselben Weise wirksam sind. Wahrscheinlich handelt es sich bei den letzteren Strukturen um diejenigen, die einer Veränderung durch Verhaltenstherapie am besten zugänglich sind. So mag ein neurotisches Symptom (und die ihm unterliegenden Strukturen) etwa darauf abzielen, einen bestehenden Konflikt zwischen einem Triebwunsch und inneren (Über-Ich-)Anforderungen der Person zu lösen. Es kann zu einem späteren Zeitpunkt aber ebensogut ein Mittel werden, um ein Sicherheitsgefühl zu erzeugen; werden andere Wege zur Erlangung des Sicherheitsgefühls zugänglich, dann können andere und bequemere Mittel gefunden und der Einsatz der älteren Symptom-Struktur gehemmt werden ... Alle psychotherapeutischen Systeme und Verfahrensweisen (einschließlich der Verhaltenstherapie) bieten in reichem Maße potentiell Sicherheit gewährende Alternativlösungen an, die vom Patienten gebraucht werden können«.

Während Widerstand ursprünglich als Widerstände des Patienten gegenüber Erinnern und freiem Assoziieren aufgefaßt wurde, ist der Begriff bald dahingehend erweitert worden, daß er sämtliche Hindernisse einschloß, die sich seitens des Patienten den Zielen und Wegen der Behandlung widersetzen. In der Psychoanalyse und der psychoanalytischen Psychotherapie werden Widerstände mittels Deutungen und anderen Interventionen des Analytikers überwunden (s. Kap. 10). Form und Inhalt des Widerstands gelten heute als nützliche Informationsquellen für den Therapeuten. Eine solche Auffassung des Widerstands macht es möglich, den Begriff über die Analyse hinaus auf alle anderen Behandlungsformen zu erweitern, und wir können nun Widerstandsäußerungen sogar in der ärztlichen Allgemeinpraxis erkennen, in Form von vergessenen Einbestellungen, Mißverstehen der ärztlichen Anordnungen, Rationalisierungen für Behandlungsabbruch und ähnliches mehr. Verschiedenartige Behandlungsweisen können unterschiedliche Widerstandsquellen stimulieren, was der Beobachtung Rechnung tragen mag, daß eine Behandlungsweise bei einem Patienten anspricht, wo eine andere versagt hat. Wahrscheinlich verdanken manche Behandlungsweisen ihren Erfolg der Tatsache, daß sie bestimmte Widerstandsquellen umgehen. Gleichzeitig aber dürfte auch zutreffen, daß andere Behandlungsmethoden fehlschlagen, weil keine ausreichenden Vorkehrungen für adäquaten Umgang mit den möglicherweise auftretenden Widerständen getroffen wurden. Der Widerstand kann also selbst in all diesen verschiedenen Situationen eine Quelle nützlicher Information sein.

8 Die negative therapeutische Reaktion

Der klinische Begriff der negativen therapeutischen Reaktion ist aus mehreren Gründen in dieses Buch aufgenommen worden. Es ist ein Begriff, der in der Geschichte der Psychoanalyse eine besonders wichtige Stellung einnimmt, denn er repräsentiert das von Freud (1923) gewählte Phänomen, an dem er das »unbewußte Schuldgefühl« erläuterte und das er als Hinweis auf die Existenz dessen nahm, was er als eine besondere psychische Instanz formulierte — das *Über-Ich*. Darüber hinaus handelt es sich um einen Begriff, der in der analytischen Behandlung viel verwendet wird, obwohl seit Freuds ursprünglicher Formulierung wenig über dieses Thema geschrieben wurde. Im Unterschied zur *Übertragung* (Kap. 4 und 5) und zum *Agieren* (Kap. 9) ist dieser Begriff nicht wesentlich über die psychoanalytische Behandlung hinaus erweitert worden. Angesichts der Tatsache, daß er sich oft für eine unmittelbare Anwendung in therapeutischen Situationen ohne weiteres eignet, ist dies einigermaßen überraschend.

Das Phänomen der negativen therapeutischen Reaktion in der psychoanalytischen Behandlung ist von Freud zuerst folgendermaßen beschrieben und erklärt worden (1923): »Es gibt Personen, die sich in der analytischen Arbeit ganz sonderbar benehmen. Wenn man ihnen Hoffnung gibt und ihnen Zufriedenheit mit dem Stand der Behandlung zeigt, scheinen sie unbefriedigt und verschlechtern regelmäßig ihr Befinden. Man hält das anfangs für Trotz und Bemühen, dem Arzt ihre Überlegenheit zu bezeugen. Später kommt man zu einer tieferen und gerechteren Auffassung. Man überzeugt sich nicht nur, daß diese Personen kein Lob und keine Anerkennung vertragen, sondern, daß sie auf die Fortschritte der Kur in verkehrter Weise reagieren. Jede Partiallösung, die eine Besserung oder zeitweiliges Aussetzen der Symptome zur Folge haben sollte und bei anderen auch hat, ruft bei ihnen eine momentane Verstärkung ihres Leidens hervor, sie verschlimmern sich, . . . anstatt sich zu bessern.«

Freud verknüpfte dies mit der Wirkung dessen, was er als ein unbewußtes Schuldgefühl betrachtete, welches auf den Einfluß des Gewissens des Patienten (einen Aspekt des Über-Ich) zurückgeht.* In diesen Fällen

* s. Sandler (1960 b) und Sandler, Holder und Meers (1963).

dient die Krankheit zumindest teilweise einer Beschwichtigung oder Minderung des Schuldgefühls des Patienten. Seine Symptome können ein Straf- oder Leidensbedürfnis darstellen, einen Versuch, ein ungewöhnlich strenges und kritisches Gewissen zu besänftigen. Es folgt daraus, daß Besserung, oder Aussicht auf diese, eine besondere Form von Bedrohung für diese Patienten darstellt, nämlich die Gefahr des Erlebens akuter und vielleicht unerträglicher Schuldgefühle. Es wird angenommen, daß auf irgendeine Weise der symptomfreie Zustand für solche Patienten Erfüllung unbewußter Kindheitswünsche repräsentiert, deren Befriedigung als innerlich verboten erlebt wird.

Bald darauf fügte Freud in der Erörterung des Masochismus (1924) hinzu, daß das »unbewußte Schuldgefühl«, das zur negativen therapeutischen Reaktion führen kann, in manchen Fällen durch eine unbewußte masochistische Tendenz verstärkt sein könne. Dies könnte einen zusätzlichen Gewinn aus dem krankheitsbedingten Leiden ermöglichen und einen verstärkten Widerstand gegenüber der Besserung hervorrufen. Er sagt: »Das Leiden, das die Neurose mit sich bringt, ist gerade das Moment, durch das sie der masochistischen Tendenz wertvoll wird« und setzt hinzu, daß »gegen alle Theorie und Erwartung eine Neurose, die allen therapeutischen Bemühungen getrotzt hat, verschwinden kann, wenn die Person in das Elend einer unglücklichen Ehe geraten ist, ihr Vermögen verloren oder eine bedrohliche organische Erkrankung erworben hat. Eine Form des Leidens ist dann durch eine andere abgelöst worden ...«

Es mag von Interesse sein, daß Freud in dieser Arbeit meinte, die Vorstellung eines unbewußten Schuldgefühls sei für den Patienten schwer glaubhaft und ohnehin psychologisch inkorrekt.* Die Bezeichnung »Strafbedürfnis« decke den beobachteten Sachverhalt ebenso treffend.

Freud verwandte somit die Bezeichnung »negative therapeutische Reaktion« (1) zur *Beschreibung* eines besonderen Behandlungsphänomens, nämlich der Verschlechterung des Zustands des Patienten nach einer ermutigenden Erfahrung (beispielsweise nachdem der Analytiker Zufriedenheit über den Behandlungsfortschritt ausgedrückt hatte oder der Patient selbst erkennen mußte, daß durch die Erhellung eines Problems ein Fortschritt erzielt worden war). Sie tritt gerade dann auf, wenn man nor-

* Freud hielt es für unrichtig, Gefühle als »unbewußte« zu beschreiben (1923, 1924), meinte jedoch, daß dieselben Faktoren, die bewußte Schuldgefühle hervorrufen, auch außerhalb der bewußten Wahrnehmung wirksam sein können, und daß der Begriff eines »unbewußten Schuldgefühls« trotz der philosophischen und semantischen Einwendungen nützlich sei.

malerweise erwarten sollte, daß der Patient erleichtert ist; (2) als *Erklärung* des Phänomens im Sinne eines psychischen Mechanismus, also einer Reaktion in der Form, daß Verschlechterung oder Gefühl von Verschlechterung statt Besserung eintritt, und die dazu dient, die durch die Besserung hervorgerufenen Schuldgefühle zu vermindern. Bei den Patienten, die diese Reaktion zeigen, repräsentiert offenbar Besserung die Erfüllung eines verbotenen inneren Wunsches und wird infolgedessen als Gefahr erlebt.

Die negative therapeutische Reaktion wurde von Freud als charakteristisch für bestimmte Typen von Analysepatienten angesehen; dabei ist interessant, daß er einige Jahre zuvor den im wesentlichen gleichartigen Mechanismus in einem gänzlich andersartigen Zusammenhang beschrieben hatte. 1916 führte er einige Charaktertypen auf, darunter »die am Erfolge scheitern«. Ausgehend von dem Gedanken, daß die Neurose ihren Ursprung in der Versagung von Triebwünschen hat, fährt er fort: »Um so mehr muß es überraschend, ja verwirrend wirken, wenn man als Arzt die Erfahrung macht, daß Menschen gelegentlich gerade dann erkranken, wenn ihnen ein tief begründeter und lange gehegter Wunsch in Erfüllung gegangen ist. Es sieht dann so aus, als ob sie ihr Glück nicht vertragen würden, denn an dem ursächlichen Zusammenhange zwischen dem Erfolge und der Erkrankung kann man nicht zweifeln.« Freud veranschaulichte diese These am Fall einer Frau, die jahrelang glücklich mit ihrem Liebhaber zusammengelebt hatte und der zum vollen Glück nur die Legalisierung ihrer Verbindung zu fehlen schien. Als sie dann endlich doch die Ehe eingehen konnten, brach sie völlig zusammen und entwickelte eine unheilbare paranoide Erkrankung. Weiter zitiert Freud den Fall eines akademischen Lehrers, der viele Jahre den Wunsch gehegt hatte, der Nachfolger seines Meisters zu werden, der ihn selbst in die Wissenschaft eingeführt hatte. Als er dann tatsächlich zu dessen Nachfolger berufen wurde, entwickelte er Zweifel und Unwürdigkeitsgefühle und verfiel in Melancholie, die mehrere Jahre andauerte.* »Die analytische Arbeit zeigt uns leicht«, sagte Freud, »daß es Gewissensmächte sind, welche der Person verbieten, aus der glücklichen realen Veränderung den lange erhofften Gewinn zu ziehen« (1916).

Sieht man davon ab, daß die klinische Bedeutung der negativen therapeutischen Reaktion zunehmende Anerkennung gefunden hat, so ist doch die psychoanalytische Literatur zu diesem speziellen Thema relativ mager geblieben. Wilhelm Reich (1934) war der Meinung, daß das Auftreten

* Freud zitierte auch Lady Macbeth und Rebekka West in Ibsens »Rosmersholm« als Beispiele.

der negativen therapeutischen Reaktion auf mangelhafte analytische Technik zurückzuführen sei, insbesondere auf unzulängliche Analyse der negativen Übertragung, und in einer Arbeit von Feigenbaum (1934) wird eine dafür kennzeichnende Fallepisode beschrieben. Zwei bald danach erschienene Arbeiten versuchen dann jedoch, Freuds ursprüngliches Konzept durch Einbeziehung einer Reihe verschiedenartiger Mechanismen zu erweitern (Riviere, 1936; Horney, 1936).

Joan Riviere wies 1936 darauf hin, daß die negative therapeutische Reaktion, wie sie Freud gefaßt hatte, nicht bedeute, daß der Patient in jedem Falle unanalysierbar sei. Patienten, die in dieser Form reagieren, brechen nicht immer die Behandlung ab, und durch geeignete analytische Arbeit können Veränderungen bei ihnen bewirkt werden. Riviere meint dann weiter: »Freuds Bezeichnung für diese Reaktion ist jedoch nicht sehr spezifisch; man könnte alle Fälle von Patienten, die von einer Behandlung nicht profitieren, unter der Bezeichnung negative therapeutische Reaktion aufführen.« Riviere scheint den Begriff weiter gefaßt zu haben als Freud; sie reiht darunter auch eine Anzahl schwerer Widerstände gegen die Analyse (bei besonders hartnäckigen Fällen) ein. Gemeinsam mit einer Anzahl späterer Autoren (etwa Rosenfeld, 1968) faßt sie darunter bestimmte Widerstandsarten, bei denen der Patient offen oder heimlich die Deutungen des Analytikers ablehnt. Ein beträchtlicher Teil der Erörterungen Rivieres bezieht sich auf das, was wir als Widerstand aufgrund der Gefährdung des Selbstwertgefühls durch die analytische Arbeit und als Widerstände aufgrund »fixierter« Charakterzüge beschrieben haben (Kap. 7). Andere Gesichtspunkte beziehen sich auf das Fehlen eines ausreichenden Behandlungsbündnisses bei bestimmten Patiententypen (Kap. 3).

Im Gegensatz zu Riviere geht eine wichtige technische Arbeit von Karen Horney (1936) von der Formulierung aus, daß die negative therapeutische Reaktion nicht unterschiedslos jegliche Verschlechterung im Befinden des Patienten bedeute. Man solle darunter nur solche Fälle fassen, bei denen man billigerweise habe erwarten dürfen, daß der Patient eine Erleichterung erlebt. Sie fährt fort, daß in vielen Fällen negativer therapeutischer Reaktion »der Patient tatsächlich sehr oft diese Erleichterung deutlich verspürt, um dann nach einer kurzen Weile in der genannten Weise zu reagieren«, also mit verstärkten Symptomen, Entmutigung, Wünschen nach Abbruch der Behandlung und so weiter. Prinzipiell scheint dabei ein ganz bestimmter Reaktionsverlauf vorzuliegen. Zuerst erlebt der Patient deutliche Erleichterung, und dann erfolgt ein Zurückweichen vor der Aussicht auf Besserung, er wünscht abzubrechen und sagt beispielsweise, er sei zu alt, um sich noch zu ändern.

Horney meinte, die negative therapeutische Reaktion gründe in einer besonderen Art »masochistischer« Persönlichkeitsstruktur. Bei solchen Personen sei die Wirkung einer »guten« Deutung des Analytikers (in dem Sinne, daß die Deutung vom Patienten als richtig empfunden wird) von fünferlei Art. Diese fünf Arten brauchen nicht gleichzeitig vorhanden und auch nicht von gleicher Stärke zu sein, können jedoch in verschiedenen Kombinationen auftreten.

1. Solche Patienten nehmen eine »gute« Deutung zum Anlaß, um mit dem Analytiker zu rivalisieren. Der Patient empfindet ein Ressentiment gegenüber dem, was ihm als die Überlegenheit des Analytikers erscheint. Horneys Auffassung nach sind bei solchen sehr ehrgeizigen Patienten Konkurrenzhaltung und Rivalität überdurchschnittlich stark entwickelt. In ihren Ehrgeiz mischt sich ein ungewöhnliches Maß von Feindseligkeit. Sie drücken diese Feindseligkeit und ihr Gefühl von Unterlegensein oft dadurch aus, daß sie den Analytiker klein machen und ihn zu Fall zu bringen versuchen. In diesen Fällen reagiert der Patient nicht auf den Inhalt der Deutung, sondern auf das Können des Analytikers.
2. Die Deutung kann auch als Kränkung des Selbstwertgefühls des Patienten aufgefaßt werden, nämlich wenn er daraus entnimmt, daß er nicht vollkommen ist und ganz »gewöhnliche« Ängste hat. Er erlebt das als Vorwurf und mag daraufhin eine negative Reaktion zeigen im Sinne eines Versuchs, das Blatt zu wenden, um dem Analytiker Vorwürfe zu machen.
3. Auf die Deutung hin tritt ein mehr oder minder flüchtiges Gefühl von Erleichterung ein, und der Patient reagiert, als ob die Lösung einen Schritt in Richtung von Besserung und Erfolg bedeute. Diese Reaktion scheint sowohl Angst vor Erfolg als auch Angst vor Mißlingen zu verkörpern. Während der Patient einerseits fühlt, daß er im Falle des Erfolgs denselben Neid und dieselbe Wut auf sich zieht, wie er es selbst angesichts von Erfolgen anderer empfindet, fürchtet er auf der anderen Seite, daß dann, wenn er sich in Richtung seiner ehrgeizigen Ziele bewegt und versagt, andere so über ihn herfallen werden, wie er gerne über andere herfallen möchte. Solche Patienten schrecken vor allen Zielen zurück, die in eine Konkurrenzsituation führen, und legen sich ständig Hemmungen und Einschränkungen auf.
4. Die Deutung wird als ungerechtfertigte Beschuldigung empfunden, und der Patient hat ständig das Gefühl, die Analyse sei ein Gerichtsverfahren. Die Deutung verstärkt die vorhandenen Gefühle von Selbstbeschuldigung, und der Patient reagiert darauf, indem er seinerseits den Analytiker anklagt.

5. Der Patient empfindet die Deutung als eine Zurückweisung und nimmt die Aufdeckung seiner eigenen Schwierigkeiten als Ausdruck von Ablehnung und Verachtung seitens des Analytikers. Diese Reaktionsweise ist mit einem starken Bedürfnis nach Zuwendung und einer gleichstarken Empfindlichkeit gegenüber Ablehnung verknüpft.

Horney hat diese Reaktionstypen weiter ausgearbeitet; wir haben sie hier wegen ihrer offensichtlichen therapeutischen Bedeutsamkeit relativ ausführlich dargestellt. Trotz der anfänglichen genauen Beschreibung der negativen therapeutischen Reaktion faßt Horney aber dann (wie Riviere) darunter auch andere »negative« Reaktionen, die auf andersartigen psychischen Prozessen begründet sind. Diese sind zwar für die Behandlung von Patienten mit »narzißtischen«und »masochistischen« Persönlichkeitsstrukturen wichtig, sind aber qualitativ anderer Art als die von Freud beschriebenen negativen therapeutischen Reaktionen. Der Patient mit einer solchen Reaktion zeigt Verschlimmerung, wo eine Besserung zu erwarten ist, und unterscheidet sich darin von den Patienten, die eine »richtige« Deutung übelnehmen, oder irgendeine Art von aggressiver »Gegenreaktion« zeigen.

Klinische Evidenz für das Vorliegen einer negativen therapeutischen Reaktion bei Patienten mit starken Schuldgefühlen und »Strafbedürfnis« gewinnt man manchmal aus der paradoxen Reaktion solcher Patienten auf Deutungen, die sie als Angriff, Kritik oder Bestrafung empfinden. Dies zeigt sich im Falle einer stark masochistischen Patientin, die Sandler schilderte (1959): »Ein großer Teil ihres Schweigens und ihrer Assoziationsschwierigkeiten war darauf angelegt, mich ärgerlich zu machen, und da ich damals noch relativ wenig Erfahrung hatte, kam dieser Ärger über sie gelegentlich in meinen Äußerungen oder im Tonfall durch. Jedesmal, wenn dies geschehen war, konnte sie sich entspannen, und die nächste Stunde war dann eine ›gute‹ Stunde; sie konnte leicht assoziieren und brachte neues Material. Ich faßte dies damals so auf, daß ich unwillentlich ihr ›Strafbedürfnis‹ befriedigt hatte ...«

Die psychoanalytischen Arbeiten, die dieses Thema behandeln oder berühren (z. B. Feigenbaum, 1934; Riviere, 1936; Horney, 1936; Ivimey, 1948; Eidelberg, 1948; Lewin, 1950; Cesio, 1956, 1958, 1960 a, 1960 b; Greenbaum, 1956; Brenner, 1959; Salzman, 1960; Arkin, 1960; Olinick, 1964; Rosenfeld, 1968), haben unseres Erachtens nicht viel zu unserem Wissen über diesen Mechanismus hinzugefügt, sofern man an den von Freud beschriebenen spezifischen Merkmalen dieser Reaktion festhält. Ein Großteil der einschlägigen Literatur befaßt sich mit allgemeineren Arten von Widerstand und »negativistischen« Haltungen, oder verbindet die negative therapeutische Reaktion mit Masochismus im allgemeinen. Diese Arbeiten tragen wohl zu besserem Verständnis von Negativismus und Masochismus bei, werfen aber nicht mehr Licht auf die spezifischen Merkmale der negativen therapeutischen Reaktion; sie lassen deren Spezifität eher undeutlicher werden. Es dürfte sinnvoll sein, die Bezeichnung »negative therapeutische Reaktion« für das Phänomen und den Mechanismus so beizubehalten, wie Freud es beschrieben und in Zusammenhang mit dem Bedürfnis des Patienten gebracht hat, sich vor Schuldgefühlen zu schützen, die mit eingetretenem oder bevorstehendem Behandlungserfolg verknüpft sind. Die Prognose für Analysepatienten, die diese Reaktion zeigen, wird jedoch heute weit günstiger als in den frühen Tagen der Psychoanalyse gesehen, und zwar aufgrund der Fortschritte im technischen Umgang mit Schuldreaktionen mittels der Übertragungsanalyse. Insoweit dieser Mechanismus wie andere auch schon beim Kind in der Beziehung zu bedeutsamen Personen seiner Umwelt gebildet wird, kann das Verstehen der Wiederholung dieser Beziehungen in der Übertragung des Patienten auf den Analytiker es ermöglichen, Reaktionen anderer Art zu entwickeln und die Wirkungen eines überstrengen Gewissens zu mildern.

Eine sehr brauchbare Übersicht von Olinick (1964) führt die zahlreichen Mißverständnisse auf, die hinsichtlich der Natur der negativen therapeutischen Reaktion herrschen. Auch er ist besorgt, daß der Begriff seine Schärfe verlieren könne und sagt: »Man begegnet immer noch gelegentlich einer Verwendung des Begriffs als Bezeichnung für jegliche Verschlechterung im Befinden des Patienten während der Analyse. Die präzisen klinischen Beobachtungen früherer Autoren werden auf diese Weise großzügig anulliert.« Olinick spricht von »fälschlichen« negativen therapeutischen Reaktionen, um damit die Wirkung fehlerhafter Technik zu kennzeichnen, nämlich dort, wo ein unbewußter Wunsch gedeutet wird, ehe der Patient dafür ausreichend vorbereitet worden war. Statt ihm Erleichterung zu bringen, fühlt sich der Patient nach der voreiligen Deutung schlechter, aber dies ist keine negative therapeutische Reaktion in dem von Freud gemeinten Sinne. Olinick schließt dann eine Betrachtung der negativen therapeutischen Reaktion als Sonderfall von Negativismus an. Er geht den Ursprüngen einer negativistischen Einstellung in den frühen Lebensjahren nach und verbindet sie mit Situationen, die beim Kinde Gefühle nachtragender Aggressivität und Widersetzlichkeit hervorrufen.

Das Auftreten der negativen therapeutischen Reaktion bei Patienten mit Depressionsneigungen ist ein Thema, das von 1936 an in der Literatur erscheint (Riviere, 1936; Horney, 1936; Gerö, 1936; Lewin, 1950, 1961). Es ist wahrscheinlich, daß für manche Patienten Erfolg paradoxerweise bedeutet, daß sie sich von einem »Ideal«-Zustand des Selbst entfernen oder seiner verlustig gehen, ein Idealzustand, den sie mit bestimmten strengen Gewissensforderungen verbinden. Vermutlich ist es der Verlust dieses »Ideals«, der mit der Entwicklung einer depressiven Reaktion in Zusammenhang steht (Joffe und Sandler, 1965). Eine weitere, wenn auch weniger unmittelbare Verbindung zwischen negativer therapeutischer Reaktion und Depression läßt sich nach unseren eigenen therapeutischen Erfahrungen auf Versuche des Patienten zurückführen, Symptome zu entwickeln, die dazu dienen, die Entwicklung eines depressiven Zustands zu verhindern oder ihm vorzubeugen. Das Entstehen solcher Symptome ist am Beispiel des psychogenen Schmerzes beschrieben worden (Joffe und Sandler, 1967).

Insofern die Neigung zu negativen therapeutischen Reaktionen nicht eine Funktion der analytischen Behandlungssituation ist, sondern etwas, das in der individuellen Charakterstruktur bereitliegt, kann man annehmen, daß solche anscheinend paradoxen Reaktionen auf die Möglichkeit von Besserung und Erfolg gleichermaßen auch in anderen Behandlungssituationen auftreten. Es läßt sich erwarten, daß sie bei jeglicher Form von Behandlung als Reaktionen bestimmter Personen auf Fortschritte (oder Zufriedenheitsäußerungen des Therapeuten) anzutreffen sind. Man könnte weiter folgern, daß die Vorgeschichten solcher Personen ähnliche »negative« Reaktionen auf Erfolgs- und Leistungserlebnisse nachweisen lassen.

Es gibt noch eine Reihe anderer Gründe dafür, daß ein Patient in Situationen rückfällig wird, in denen eine Besserung erzielt wurde. Diese können sich von der negativen therapeutischen Reaktion, wie Freud sie beschrieben hat, ganz deutlich unterscheiden. Zum Beispiel können zum Zeitpunkt der Beendigung der Behandlung Symptome vorübergehend wieder auftauchen. Man beobachtet dies auch in andersartigen Behandlungssituationen, etwa bei der Entlassung aus einer Klinik, oder wenn mit einem Patienten die Beendigung einer ambulanten Behandlung besprochen wird. Manche Rückfälle kann man in Begriffen einer unaufgelösten Abhängigkeit des Patienten von der Person des Arztes verstehen. Ähnlich können Rückfälle auch Versuche darstellen, mit Ängsten vor einem Zusammenbruch nach Beendigung der Behandlung fertig zu werden, mit denen so umgegangen wird, daß der Patient vor Behandlungsende wieder erkrankt.

Die negative therapeutische Reaktion scheint ein klar umrissenes klinisches Phänomen zu sein, das nicht unbedingt auf unzulängliche Technik oder unangebrachte Interventionen seitens des Therapeuten verweist. Wir möchten aber nochmals betonen, daß es vielerlei Ursachen für Mißlingen oder mangelnde Wirkung der Behandlung zu geben scheint, die keine negative therapeutische Reaktion darstellen.

Kenntnis des Mechanismus und der prognostischen Bedeutung der speziellen Charakterstruktur, bei der die negative therapeutische Reaktion auftreten kann, läßt sich für die Praxis in vielen Hinsichten verwenden. Sie kann beispielsweise den Therapeuten zur Vorsicht mahnen, depressiven Patienten mit starken Schuldgefühlen und einem Reaktionsmuster, das der negativen therapeutischen Reaktion entspricht, zu raten, sie sollten einmal »Urlaub machen«. Die dadurch mobilisierte Schuld kann zu schwerem Schmerz und Depression führen, unter Umständen eine Suizidbereitschaft verstärken.

Als Zusammenfassung läßt sich abschließend sagen, daß der Begriff »negative therapeutische Reaktion« auf folgende Weise verwendet wird:

1. Zur Beschreibung der Situation, in welcher auf ein Erleben von Besserung oder auf eine entsprechende Äußerung des Therapeuten hin eine Verschlechterung eintritt.
2. Zur Erklärung dieses Phänomens, wobei das Wiederauftreten von Symptomen der Wirkung eines Schuldgefühls zugeschrieben wird, das durch eine Atmosphäre von Ermutigung, Hoffnung oder Billigung hervorgerufen wird.
3. Die Bezeichnung ist in der Literatur dahingehend erweitert worden, daß damit auch eine »negativistische« oder konträre Charakterreaktion bezeichnet wird, die sich in einem klinischen Setting manifestiert als Opposition gegen die Behandlung oder als Weigerung, einen Nutzen aus der Behandlung zu ziehen. Solche Patienten können natürlich durch die Behandlung gebessert werden, aber sie gestehen das nicht ein. Dies ist wohl von klinischer Bedeutung, doch unserer Meinung nach keine nützliche Erweiterung der Formulierung Freuds, deren Wert dadurch verringert werden könnte.
4. Er ist — unserer Ansicht nach unrichtigerweise — verwendet worden, um damit viele andere Formen von Widerstand gegen den analytischen Behandlungsprozeß zu kennzeichnen.

9 Agieren

Von allen in diesem Buch behandelten therapeutischen Grundbegriffen hat der des *Agierens* seit seiner Einführung durch Freud (1905 b) wohl die stärkste Erweiterung und Bedeutungsveränderung erfahren (Holder 1970). Blos bemerkt, daß »der Begriff des Agierens mit Bezügen und Bedeutungen überbürdet ist. Die recht klar gefaßte Definition von vor 30 Jahren, als unter Agieren in der Analyse eine legitime und analysierbare Form des Widerstands verstanden wurde, ist so ausgeweitet worden, daß sie nun deliquentes Verhalten und alle Arten von ... Pathologie und Impulshandlungen beherbergt. Mit dieser Ausweitung wurde der Zerreißpunkt des Begriffes erreicht. Ich komme mir vor ... (als müßte ich) mir einen Weg durch das Unterholz eines ausgewucherten Begriffs bahnen, um endlich an eine Lichtung zu gelangen, die einen freieren Ausblick gestattet« (1966).

Der Begriff wird heute (von Analytikern und anderen) vielfach so verwendet, daß er ein weites Spektrum impulsiver, antisozialer oder gefährlicher Handlungen umfaßt, häufig ohne Bezug auf den Kontext, in dem solche Handlungen entstehen. Mitunter wird er in einem abschätzigen Sinne gebraucht, um damit Mißbilligung der Handlungsweisen von Patienten und sogar von Kollegen zum Ausdruck zu bringen. Eine Durchsicht der einschlägigen neueren Literatur (etwa Abt und Weissman 1965) zeigt die große Vielfalt der gegenwärtigen Verwendungsweisen, deren einziger gemeinsamer Nenner die Annahme zu sein scheint, daß die bestimmte, als »Agieren« bezeichnete Handlung unbewußte Determinanten besitzt.

Teilweise leitet sich die Konfusion über diesen Begriff aus der Übersetzung der ursprünglich von Freud gebrauchten Bezeichnung ab. In der »Psychopathologie des Alltagslebens« hatte er das gängige deutsche Wort *handeln* bei der Beschreibung von »Fehl«-Handlungen oder Parapraxien verwandt, die sich so verstehen ließen, daß sie eine unbewußte Bedeutung besaßen. 1905 jedoch gebrauchte er bei der Schilderung des Falles »Dora« das weniger geläufige Wort *agieren* (das auch handeln bedeutet, jedoch eine etwas empathischere Konnotation besitzt), in einem besonderen technischen Sinne. Agieren wurde mit »acting out« übersetzt, und wahrscheinlich hat die Wahl dieser Übersetzung, insbesondere durch Einbeziehung der Präposition »out«, zu einigen Bedeutungsveränderungen des Begriffs in der englischen und amerikanischen Literatur beigetragen.*

Freuds Patientin »Dora« brach nach etwa drei Monaten die Behandlung ab, und Freud erklärte sich diese abrupte Beendigung nachträglich dadurch, daß es ihm nicht gelungen war zu erkennen, daß die Patientin Gefühle gegenüber einer wichtigen Figur ihrer Vergangenheit (Herrn K.) auf ihn übertragen hatte. Er schrieb: »So wurde ich denn von der Übertragung überrascht und wegen des X, in dem ich sie an Herrn K. erinnerte, rächte sie sich an mir, wie sie sich an Herrn K. rächen wollte, und verließ mich, wie sie sich von ihm getäuscht und verlassen glaubte. Sie *agierte* so ein wesentliches Stück ihrer Erinnerungen und Phantasien, anstatt es in der Kur zu reproduzieren« (1905 b).

Hier wurde Agieren zu Übertragung und Widerstand in Beziehung gesetzt und ferner als Ersatz für das Erinnern gesehen. Die Patientin konnte sich nicht an das Vergangene erinnern und es in ihren freien Assoziationen berichten, sondern sie inszenierte die Erinnerung im Handeln.

Freuds eingehendste Darstellung des Begriffs findet sich in seiner technischen Schrift »Erinnern, Wiederholen und Durcharbeiten« (1914 a). Hier wird das Agieren ganz strikt auf die analytische Behandlungssituation bezogen. Wie im Falle »Dora« steht es für Handlungen, die der Patient anstelle der Erinnerungen produziert. »... so dürfen wir sagen, der Analysierte *erinnere* überhaupt nichts von dem Vergessenen und Verdrängten, sondern er *agiere* es. Er reproduziert es nicht als Erinnerung, sondern als Tat, er *wiederholt* es, ohne natürlich zu wissen, daß er es wiederholt... Der Analysierte erzählt nicht, er erinnere sich, daß er trotzig und ungläubig gegen die Autorität der Eltern gewesen sei, sondern er benimmt sich in solcher Weise gegen den Arzt.« Er macht auf die Tatsache aufmerksam, daß auch Übertragung als ein »Stück Wiederholung« anzusehen ist, und daß Übertragung und Agieren zusammenfallen, wenn der Patient die Vergangenheit auf eine Weise wiederholt, die die Person des Arztes mit einbezieht. Er bringt das Agieren jedoch auch mit dem Widerstand in Verbindung. »Je größer der Widerstand ist, desto ausgiebiger wird das Erinnern durch das Agieren (Wiederholen) ersetzt sein ... wird (aber) im weiteren Verlaufe diese Übertragung

---

* So sagt Bellak: »Freud erwähnte ›acting out‹ zuerst in der *Psychopathologie des Alltagslebens«* (Bellak verwechselt hier jedoch *handeln* und *agieren).* Er beschreibt dann praktisch jeden Typus klinisch signifikanten Handelns als die eine oder andere Form von »acting out« (1965). Auch Greenacre (1950) und Rexford (1966) machen die implizite Gleichsetzung von *acting* (handeln) und *acting out* (agieren).

feindselig oder überstark und darum verdrängungsbedürftig, so tritt sofort das Erinnern dem Agieren den Platz ab.«

Freud unterschied zwischen Agieren *in* der analytischen Situation und Agieren *außerhalb* der Analyse. Beide Arten werden als Folge der analytischen Arbeit und der Behandlungssituation betrachtet. Innerhalb der Analyse bietet sich die Übertragung als Träger des Agierens an, und sie mag der alleinige Weg sein, auf dem die verdrängten Erinnerungen anfangs an die Oberfläche gelangen können. Agieren außerhalb der Analyse birgt potentielle Gefahren für die Behandlung und den Patienten, aber es ist oft nicht möglich, solches Agieren zu verhindern, ja ein Einschreiten dagegen ist gar nicht immer wünschenswert. Freud bemerkt, daß man zwar den Kranken am besten vor einer Schädigung durch die Ausführung seiner Impulse behüten könne, wenn man ihn dazu verpflichte, während der Dauer der Kur keine lebenswichtigen Entscheidungen zu treffen, fährt dann aber fort: »Man schont dabei gern, was von der persönlichen Freiheit des Analysierten mit diesen Vorsichten vereinbar ist, hindert ihn nicht an der Durchsetzung belangloser, wenn auch törichter Absichten, und vergißt nicht daran, daß der Mensch eigentlich nur durch Schaden und eigene Erfahrung klug werden kann. Es gibt wohl auch Fälle, die man nicht abhalten kann, sich während der Behandlung in irgendeine ganz unzweckmäßige Unternehmung einzulassen, und die erst nachher mürbe und für die analytische Behandlung zugänglich werden. Gelegentlich muß es auch vorkommen, daß man nicht die Zeit hat, den wilden Trieben den Zügel der Übertragung anzulegen, oder daß der Patient in einer Wiederholungsaktion das Band zerreißt, das ihn an die Behandlung knüpft« (1914 d).*

In den späteren Erörterungen dieses Themas blieben Freuds Auffassungen des Agierens im wesentlichen unverändert (1920, 1939, 1940), und es ist eindeutig, daß er Agieren als einen technisch-psychoanalytischen Begriff betrachtete, der ganz spezifisch auf die psychoanalytische Behandlung bezogen war (s. a. A. Freud, 1936).

Abweichungen von Freuds ursprünglicher Verwendungsweise erschienen ziemlich früh in der anschließenden psychoanalytischen Literatur, und es scheint dafür eine Reihe von Faktoren verantwortlich zu sein. Einige davon seien im folgenden aufgeführt:

1. Eine aus ihrem Zusammenhang herausgenommene Bemerkung Freuds wurde zum Anlaß genommen, den Begriff beträchtlich zu erweitern.

* Da heute Analysen länger als früher dauern, hat man die Aufforderung an den Patienten, während der Dauer der Analyse keine wichtigen Lebensentscheidungen zu treffen (z. B. Eheschließung), modifiziert oder aufgegeben.

Bei der Überlegung, was der Patient unter den Bedingungen des Widerstands wiederholt, sagte Freud: »Wir dürfen jetzt fragen, was wiederholt oder agiert er eigentlich? Die Antwort lautet, er wiederholt alles, was sich aus den Quellen seines Verdrängten bereits in seinem offenkundigen Wesen durchgesetzt hat, seine Hemmungen und unbrauchbaren Einstellungen, seine pathologischen Charakterzüge. Er wiederholt ja auch während der Behandlung alle seine Symptome« (1914 a). Dies darf nicht so aufgefaßt werden, daß mit Wiederholen und Agieren dasselbe gemeint sei, auch wenn Agieren eine Form von Wiederholen ist. Freuds Formulierung nimmt das Agieren auch nicht aus dem Kontext der *Therapie* heraus.

2. Die Wahl von »acting *out*« als Übersetzung von *agieren* hat zur Folge gehabt, daß manche Autoren den Begriff auf ein Agieren *außerhalb* der analytischen Behandlungssituation einschränkten. Dies führte dann zur Prägung des Begriffs »acting in«, zur Bezeichnung einiger Aspekte dessen, was Freud als Agieren in der Analyse gekennzeichnet hatte (Zeligs, 1957; Rosen, 1965; Eidelberg, 1968).
3. Die Tendenz, die psychoanalytische Theorie zu einer allgemeinen Psychologie zu erweitern (Hartmann, 1939, 1944, 1964), hat zu einer Neuformulierung einer Reihe technischer Begriffe in allgemeiner psychologischer Sprache geführt. Diese Tendenz wurde natürlich auch durch die wiederholten Hinweise Freuds begünstigt, daß die in der psychoanalytischen Behandlung beobachteten Phänomene auch außerhalb derselben gesehen werden könnten. Eine Folge der Generalisierungsversuche technischer Begriffe ist, daß ihre klinische Präzision beeinträchtigt werden kann. Dies ist im Zusammenhang mit der Übertragung (Kap. 4) erörtert worden; die gleichen Überlegungen gelten auch für das Agieren.
4. Der Begriff des Agierens ergab sich aus dem Kontext der Anwendung der psychoanalytischen Methode bei vorwiegend neurotischen Erwachsenen, die als fähig angesehen wurden, die Grundregel des freien Assoziierens zu befolgen. Als die Psychoanalyse dann auch zur Behandlung von Patienten mit schweren Persönlichkeitsstörungen, von Psychotikern, Jugendlichen und Kindern herangezogen wurde, ergaben sich neue technische Probleme, die ihrerseits wieder eine Begriffserweiterung zur Folge hatten. Aufgrund der Ähnlichkeiten der impulsiven Verhaltensaspekte von Patienten der genannten Gruppen mit dem Agieren der neurotischen Patienten (unter dem Druck der Analyse) war die Versuchung sehr groß, alles impulsive Verhalten als »Agieren« zu bezeichnen. (A. Freud, 1968)
5. Freud betrachtete das Agieren als eine besondere Äußerungsform des

Widerstandes, die unerwünschte Folgen für den Patienten oder den Fortgang seiner Analyse haben könne. Für seine Kollegen und Nachfolger war es deswegen nur ein natürlicher Schritt, den Begriff auf Verhaltensweisen anzuwenden, die in allgemeinerem Sinne als ›unerwünscht‹ angesehen werden. In Extremfällen führte dies dazu, daß sozial oder moralisch unerwünschtes Verhalten (von Patienten und anderen) »agieren« genannt wurde.

Fenichel (1945 b) erörterte Agieren sowohl als Behandlungsphänomen als auch im Zusammenhang mit impulsiven Tendenzen, die in Persönlichkeit und Pathologie des Individuums verankert sind. Er setzte die Tendenz zu Impulshandlungen in Bezug zu Schwierigkeiten im ersten Lebensjahr, die eine Bereitschaft aufkommen lassen, auf Versagungen mit Gewalttätigkeit zu reagieren. Er vertrat ferner die Ansicht, daß traumatische Kindheitserlebnisse zu ständig wiederholten Versuchen führen können, das einstmals passiv und traumatisch Erlebte mittels Aktivität zu bewältigen. Interessanterweise machte Fenichel zwischen Übertragung und Agieren einen schärferen Unterschied, als Freud es getan hatte, indem die Bereitschaft zum Agieren als persönlichkeitsverankert anzusehen, und deswegen in weiterem Kontext als dem der analytischen Behandlung zu betrachten sei. Wer zum Agieren neigt, wird agieren, ob er nun in Analyse ist oder auch nicht. Solche Personen haben »miteinander gemeinsam, daß sie nur unzulänglich zwischen Gegenwart und Vergangenheit unterscheiden können, wenig lernbereit sind und dazu neigen, auf bestimmte Reize hin mit bestimmten rigiden Reaktionsmustern anstatt mit adäquaten Reaktionen zu antworten. Diese Reaktionsmuster sind aber ... nicht unbedingt reale Handlungsweisen — manchmal bestehen sie lediglich aus Gefühlseinstellungen; wir bezeichnen sie als ›Übertragung‹, wenn sich die Einstellung auf bestimmte Personen bezieht, und als ›Agieren‹, wenn etwas geschehen muß, gleichgültig wem gegenüber« (1945 b).

Fenichels Hauptthese, daß bestimmte Personen mehr als andere dazu neigen, ihre unbewußten Regungen in Handlungen auszudrücken, ist beachtenswert; da er jedoch die Bezeichnung »agieren« für solche Impulshandlungen beibehält, lockert er die zuvor bestehende Verbindung zwischen Agieren und Übertragungswiderstand. In seiner Erörterung des Agierens spricht er eigentlich über ein anderes Thema, über den Charakter von Personen, die dazu neigen, etwas in impulsiver Form zu inszenieren (»to enact«).

Auch Greenacre stellt Agieren als habituelle Erscheinung dar, die besondere Probleme für das therapeutische Vorgehen aufwirft. Sie definiert Agieren als »eine besondere Form des Erinnerns, bei der die alte Erinnerung mehr oder minder organisiert und oft kaum verhüllt wieder inszeniert wird. Es ist keine deutlich bewußte bildliche oder sprachliche Erinnerung, und es besteht auch keinerlei Bewußtsein, daß die betreffende Aktivität vom Gedächtnis her motiviert ist. Dem Betreffenden erscheint sein Verhalten verständlich und angemessen« (1950). Dieses letztgenannte Merkmal des Agierens wird in der nachfolgenden Literatur häufig hervorgehoben (z. B. Greenson, 1967). Grennacre erörtert auch die genetischen Determinanten gewohnheitsmäßiger Formen des Agierens, und fügt den von Fenichel (1945 b) aufgeführten hinzu: »... eine besondere Ausprägung der visuellen Sensibilisierung, die eine Neigung zum Dramatisieren hervorruft ... und ein weitgehend unbewußter Glaube an die Magie des Handelns«. Greenacres Formulierungen legen nahe, daß die spätere Neigung zu gewohnheitsmäßigem Agieren hauptsächlich auf bestimmte Schwierigkeiten in den ersten beiden Lebensjahren zurückgehe. Die Verbindung zwischen Agieren und präverbalen Erlebnissen ist in der weiteren nachfolgenden Literatur vielfach hervorgehoben worden, besonders von den Anhängern Melanie Kleins (z. B. Bion, 1962; Rosenfeld, 1965 b; Meltzer, 1967).

Die Tendenz, den Begriff mehr oder weniger unterschiedslos auf Handlungen aller Art anzuwenden, ist in der letzten Zeit stärker geworden; wir finden ein ganzes Buch mit dem Titel »Acting Out« (Abt und Weissman, 1965), das so weitgestreute Verhaltensstörungen wie Drogenabhängigkeit, Alkoholismus, psychosomatische Krankheiten, Fettsucht, Homosexualität, Lernstörungen und ähnliches mehr sämtlich als spezielle Formen des Agierens behandelt. Im Vorwort zu diesem Buch sagt Bellak: »Selbst in der engeren Fassung des Begriffs ist Agieren von großer sozialer Bedeutsamkeit. Die Charakterstörung — möge sie in Gestalt des Trägers einer emotionellen Ansteckung in einer kleinen Familiengruppe oder in Gestalt eines Demagogen auf der nationalen Ebene erscheinen — ist ein ernstliches Problem. Der Delinquent, der erwachsene Kriminelle, der Drogenabhängige, der gewöhnliche Psychotiker ebenso wie der wahnwitzige Politiker bilden Probleme von großer sozialer Tragweite, die nach Lösung verlangen. Wir müssen lernen, der Entwicklung solcher Akteure vorzubeugen, sie so gut zu verstehen, daß sie therapeutisch oder sozial unter Kontrolle gebracht werden können, und wir müssen gerade jetzt mit aller Dringlichkeit lernen vorherzusagen, wer eventuell agieren wird und wann.«

Ähnlich hat auch Helene Deutsch den Begriff vom Therapeutischen auf Allgemein-Psychologisches ausgedehnt. »Zu einem bestimmten Grade sind wir alle Agierer, weil niemand frei von regressiven Neigungen ist, von verdrängten Regungen, von der Last mehr oder minder bewußter

Phantasien und so weiter. Künstler können im Agieren ihr Kunstwerk schaffen; Neurotiker aller Arten benutzen ihre Symptome zum Agieren, Hysteriker in Konversionssymptomen und oft höchst dramatischen Dämmerzuständen, Zwangsneurotiker in ihren Ritualen, Psychotiker in Halluzinationen und Wahnbildungen und Delinquenten in ihren asozialen Verhaltensweisen« (1966).

Eine derartige Ausweitung des Begriffs dürfte ihn gänzlich seiner ursprünglichen Bedeutung berauben, und es ist bedauerlich, daß man in der Literatur nicht eine Bezeichnung wie etwa »handlungsmäßiges Inszenieren« (enactment) dazu verwandte, um die allgemeine Tendenz zu impulsiver oder irrationaler Aktivität vom Agieren im Zusammenhang mit dem Behandlungsprozeß abzuheben. Darüber hinaus dürfte auch eine solche Ausweitung die abschätzige Konnotation des Begriffs unterstützen.

In der jüngeren Literatur ist eine Reaktion auf die unterschiedslose Verwendung der Bezeichnung festzustellen; einige analytische Autoren haben sich wieder für Rückkehr zur engeren Begriffsfassung eingesetzt und insbesondere seine Verwendung im Sinne der Inszenierung unbewußt determinierter Regungen während der Behandlung befürwortet (etwa Limentani, 1966; Greenson, 1967; A. Freud, 1968; Rangell, 1968). Damit kam man auch davon ab, das Agieren als etwas gänzlich Unerwünschtes anzusehen, statt dessen betrachtet man es immer mehr als Informationsquelle und als Sonderform der Kommunikations- oder Äußerungsweise.* In dieser Hinsicht hat die Einschätzung des Agierens als Phänomen der Behandlung eine ähnliche Veränderung erfahren wie die Übertragung (Kap. 4) und die Gegenübertragung (Kap. 6), die beide zunächst als Hindernisse in der Behandlung, später jedoch als wertvolle Informationsquellen betrachtet wurden. Damit hat man sich auch von der Auffassung entfernt, Agieren ausschließlich als eine Form von Widerstand zu betrachten, insbesondere gegen die Übertragung (Greenson, 1967; Rangell, 1968) und sieht es nun mehr als erstes mögliches Anzeichen für das Auftauchen neuen Materials aus unbewußten Quellen. Limentani (1966) zum Beispiel erwähnt zur Veranschaulichung dessen einen Patienten, der zur üblichen Zeit in die Praxis seines Analytikers kam, jedoch

* Ein Gedanke, den bereits Fenichel (1941) vorgetragen hatte: »Wir müssen das sogenannte Agieren unter dem therapeutischen Gesichtspunkt betrachten. Bei Personen, die sich nicht ganz allgemein so verhalten, ist Agieren ein willkommenes Anzeichen, daß in der Analyse etwas geschehen ist, das wir dazu verwenden können und müssen, um die dahinterliegenden unbewußten Vorgänge aufzudecken.«

übersehen hatte, daß die Stunde an diesem Tag wegen eines Nationalfeiertages ausfiel. Er meint, daß ein solches Verhalten wenig Anhaltspunkte für Widerstand biete, jedoch als nützliche Quelle analytischen Materials genommen werden könne. Balint (1968) hat sich im Zusammenhang mit der Analyse von Patienten, die einen »Grunddefekt« ihrer Persönlichkeit aufweisen, ähnlich geäußert.

Zusammenfassend läßt sich sagen, daß der Begriff des Agierens in der Psychoanalyse hauptsächlich in zwei Bedeutungen verwendet wurde:

1. Zur Beschreibung bestimmter Verhaltensphänomene, die sich während einer Analyse einstellen, und die eine Folge dieser Behandlung sind. Der Begriff bezieht sich auf psychische Inhalte (Wünsche, Erinnerungen usw.), die infolge ihrer Wiederbelebung in der analytischen Behandlungssituation an die Oberfläche drängen, wobei diese Inhalte mehr handlungsmäßig inszeniert denn wiedererinnert werden. Man bezeichnet das handelnde Inszenieren als »Agieren in der Übertragung«, wenn dabei die Person des Analytikers mit einbezogen wird, doch umfaßt Agieren auch andere Formen des handlungsmäßigen Inszenierens, die sich auf die Behandlung beziehen und durch sie ausgelöst worden sind. Seiner ursprünglichen Definition nach kann Agieren innerhalb oder außerhalb der analytischen Behandlungssituation auftreten. Die neuerdings geprägte Bezeichnung »acting in« bedeutet schlicht Agieren in der Behandlungssituation.
2. Zur Beschreibung habitueller Aktions- und Verhaltensweisen, die aus der bestehenden Struktur und Pathologie der Persönlichkeit hervorgehen und sich weniger auf den Behandlungsprozeß als auf die individuelle Persönlichkeitsstruktur beziehen. Die beste Charakterisierung dieses Persönlichkeitstyps stammt wohl von Hartmann (1944): »Es gibt ... eine große Zahl von Menschen, deren aktives Sozialverhalten nicht vernünftiges Handeln, sondern ein ›Agieren‹ darstellt, das in Bezug zur sozialen Wirklichkeit mehr oder weniger neurotisch ist. In diesem ›Agieren‹ wiederholen sie infantile Situationen und suchen im Sozialverhalten eine Lösung ihrer innerpsychischen Konflikte zu finden. Eine starke Anklammerung an die Realität kann auch zur Bewältigung von Angst benützt werden. Sie kann, muß aber nicht unbedingt den Charakter eines Symptoms besitzen. Es hängt auch von der Besonderheit des sozialen Milieus ab, welche inneren Konflikte und Ängste durch das Sozialverhalten bewältigt werden können. Auf der anderen Seite führt manchmal eine Veränderung in der Sozialstruktur, die diese Möglichkeiten einschränkt, ... zum Wiederauftreten der Konflikte, die zeitweilig auf diese Weise bewältigt werden konnten, und beschleunigt dann die Bildung einer Neurose.«

Die Verwendung des Begriffs Agieren für Verhalten, das nicht im Zusammenhang mit einer psychoanalytischen Behandlung auftritt, bietet einige Schwierigkeiten. Sie entfallen, wenn wir den Begriff in seiner weitesten Fassung gebrauchen, sprich bezogen auf individuelle Persönlichkeitszüge, da diese ja unabhängig von der Behandlungssituation existieren. Problematisch wird es hingegen bei der engeren, behandlungsttechnischen Fassung, wenn wir daran festhalten, daß Agieren ein Ersatz für Erinnern ist. Es gibt viele nicht-analytische Behandlungsformen mit entsprechend andersartigen Methoden und Zielen, bei denen das Wiedererinnern der Kindheit weder einbezogen noch stimuliert wird. Der Begriff könnte sich jedoch für eine Erweiterung als geeignet erweisen, wenn man ihn mit Situationen (therapeutischer oder sonstiger Art) verknüpfte, in denen eine enge Beziehung Tendenzen zur Wiederbelebung früherer und infantiler Regungen und Haltungen verstärkt. Ein handelndes Inszenieren dessen kann dann in Erscheinung treten, das unserer Ansicht nach legitim als Agieren zu bezeichnen wäre. Ein Beispiel dafür bietet etwa ein Patient in Verhaltenstherapie, der als Folge seiner Abhängigkeit vom Therapeuten diesem gegenüber unbewußte feindselige Gefühle entwickelt und sie dann gegenüber einer anderen Person handlungsmäßig inszeniert. Ähnlich mag ein stationärer Patient mit irrationalen Schuldgefühlen gegenüber seinem Arzt, die durch die regressionsfördernde Krankenhaussituation hervorgerufen wurden, so umgehen, daß er Ablehnung oder »Bestrafung« durch das Personal provoziert. Wenn der Arzt in der Lage ist, in einer wie immer gearteten Behandlungssituation solche Tendenzen zum Agieren zu erkennen und zu verstehen, so kann dies nicht nur für den Umgang mit dem Patienten nützlich sein, sondern auch Hinweise auf dessen psychische Probleme bieten. Das Agieren beschränkt sich aber nicht nur auf die Sicht des Patienten. Man kann auch irrationale Handlungsweisen des Arztes gegenüber seinem Patienten, die sich aus der Gegenübertragung ergeben, als Agieren des Arztes bezeichnen. Insofern die Beziehungen der Mitglieder eines Teams untereinander infantile Einstellungen begünstigen, kann Irrationalität etwa als Reaktion auf den Tod oder das Ausscheiden einer Schlüsselperson der Institution auch zu Verhaltensweisen führen, die als Agieren zu beschreiben wären. Es steht jedoch außer Zweifel, daß eine solche Ausweitung des Begriffs Bedeutungsveränderungen gegenüber seiner ursprünglichen psychoanalytischen Verwendungsweise zur Folge hat. Er muß dadurch etwas von seiner begrifflichen Schärfe verlieren.

10
Deutungen, andere Interventionen und Einsicht

In den früheren Kapiteln ging es um Begriffe, die sich auf die Mitteilungen und Äußerungen des Patienten bezogen sowie auf Faktoren, sowohl beim Patienten als auch beim Therapeuten, die den freien Fluß und das Verstehen dieser Kommunikation fördern oder behindern. Im Kapitel über das *Durcharbeiten* (Kap. 11) werden wir uns mit Interventionen des Analytikers beschäftigen, deren Ziel es ist, dauerhafte Veränderungen im Patienten herbeizuführen, und ferner mit der unerläßlichen Aufgabe ständiger Verstärkung und Vertiefung dieser Interventionen. Man bezeichnet solche Interventionen – zumindest soweit sie verbal sind – oft ganz allgemein als »Deutungen«; wir wollen diesen Begriff hier etwas näher untersuchen.

Deutungen und andere Interventionen

In der Literatur zur psychoanalytischen Technik nimmt die Deutung eine besondere Stellung ein. Bibring (1954) bemerkte dazu, daß *»Deutung* die höchste Instanz in der Hierarchie der für die Psychoanalyse charakteristischen Prinzipien ist«. Ihre zentrale Rolle wird in gleicher Weise auch von M. Gill (1954) unterstrichen, wenn er feststellt, daß »Psychoanalyse eine Behandlungstechnik ist, deren Anwendung durch einen neutralen Analytiker zum Entstehen einer regressiven Übertragungsneurose führt, und bei der die letztliche Auflösung dieser Neurose einzig durch die Deutungstechnik erfolgt«.

Die psychoanalytische Technik bedient sich überwiegend *verbaler* Mittel und die analytische Ausbildung ist hoch spezialisiert; von daher erscheint es wohl ganz natürlich, daß sich um die ›Deutungen‹ des Analytikers eine Aura des Geheimnisvollen gebildet hat.* Menninger (1958) meinte dazu: »Deutung ist eine recht anspruchsvolle Bezeichnung, die (manche) Analytiker großzügig für jede beabsichtigte verbale Beteiligung des Analytikers am analytischen Behandlungsprozeß gebrauchen. Mir mißfällt das Wort, weil es angehenden Analytikern ein falsches Bild von ihrer Hauptaufgabe vermittelt. Man muß ihnen klarmachen, daß sie nicht Orakel, Zauberer, Linguisten, Detektive oder große Weise sind, die wie

---

* Manche Analytiker nehmen sogar einen besonderen Tonfall an, wenn sie Deutungen geben.

Joseph und Daniel Träume ›deuten‹ — sondern stille Beobachter und Zuhörer, gelegentlich Kommentatoren. Ihre Beteiligung am Zwei-Personen-Prozeß ist vorwiegend passiver Art . . . die *gelegentliche* aktive Teilnahme sollte man lieber als Intervention bezeichnen. Es mag damit etwas ›gedeutet‹ werden oder auch nicht. Vielleicht ist es eine Unterbrechung, vielleicht auch nicht. Aber immer, wenn der Analytiker etwas sagt, trägt er zu einem Prozeß bei . . .«.

Wir erwähnten, daß Freud in seinen frühen Schriften (1895) davon sprach, seine Patienten hätten ihre »vergessenen« Erinnerungen wiederaufzufinden. Zu jener Zeit beschränkte er sich in der Behandlungssituation auf solche verbalen Interventionen, die zur Förderung des freien Flusses der Einfälle des Patienten notwendig waren. Direkte Suggestion, wie sie für die hypnotische Methode kennzeichnend war, aus der er die analytische Technik abgeleitet hatte, suchte er zu vermeiden. Seine Bemerkungen und Hinweise zielten allein darauf ab, dem Patienten die Äußerung verbaler Mitteilungen zu *erleichtern*, in der Überzeugung, daß der Fluß der Assoziationen schließlich mehr oder minder von selbst zu den affektbesetzten Erinnerungen führen würde, die sich auf wichtige Ereignisse im früheren Leben des Patienten bezogen. In der ersten Zeit der Psychoanalyse galt das affektive Abreagieren, das das Wiedererinnern begleitete, als das eigentlich therapeutisch Wirksame, denn die Entstehung der Symptome wurde ja auf fortgesetzte »Stauung« von Affekten zurückgeführt. Freud gelangte dann allmählich zu der Auffassung, daß die Symptome der Hysteriker, ohne daß es ihnen bewußt war, auch Aspekte des vermutlichen traumatischen Ereignisses und der mit dem (nun vergessenen) Ereignis verknüpften Gedanken und Gefühle in symbolischer Form darstellten. 1897 gab er dann die Traumatheorie der Hysterie auf und wandte sich dem eingehenden Studium symbolischer Darstellungsvorgänge zu, insbesondere wie sie sich im Traum ereigneten. Die Ergebnisse seiner Untersuchungen über eigene Träume und Träume seiner Patienten veröffentlichte er dann in der *Traumdeutung* (1900).

Freuds erste Äußerungen über die Deutung bezogen sich auf das Deuten von Träumen. Der Begriff bezog sich in diesem Zusammenhang auf das Verstehen und Rekonstruieren verborgener Quellen und Sinngehalte des Traumes (des »latenten Trauminhalts«). Dies erfolgte durch die Untersuchung der freien Assoziation des Patienten zur bewußten Erinnerung an den eigenen Traum (an den »manifesten Trauminhalt«). In der Frühzeit der Psychoanalyse teilte der Analytiker die Deutung und deren Erklärung dem Patienten mit, jedoch mehr im Sinne einer didaktischen Vermittlung der vom Analytiker gefundenen Deutung.

Als Freud dann seine Arbeiten zur psychoanalytischen Technik schrieb (1911 b, 1912 a, 1912 b, 1913 a, 1914 a, 1915 a), legte er dar, daß sich inzwischen Veränderungen in der Art wie der Analytiker sein Verständnis über Äußerungen des Patienten diesem mitteilt ergeben hatten. Das Deuten der Träume und freien Assoziationen des Patienten sollte nicht mehr unmittelbar erfolgen, sondern bis zum Auftreten von Widerständen zurückgehalten werden. Freud sprach nun von der »Verurteilung eines Verfahrens, welches dem Patienten die Übersetzungen seiner Symptome mitteilen wollte, sobald man sie selbst erraten hat...« (1913 a). Von dieser Zeit an unterschied Freud mehr oder weniger beständig zwischen Deutung und *Mitteilung* der Deutung. So schrieb er (1926 b): »Wenn Sie die richtigen Deutungen gefunden haben, stellt sich eine neue Aufgabe her. Sie müssen den richtigen Moment abwarten, um dem Patienten Ihre Deutung mit Aussicht auf Erfolg mitzuteilen... Sie begehen einen schweren Fehler, wenn Sie... dem Patienten Ihre Deutungen an den Kopf werfen, sobald Sie sie gefunden haben...«.

1937 unterschied Freud zwischen Deutungen und »Konstruktionen« in der Analyse. »Deutung bezieht sich auf das, was man mit einem einzelnen Element des Materials, einem Einfall, einer Fehlleistung u. dgl. vornimmt. Eine Konstruktion ist es aber, wenn man dem Analysierten ein Stück seiner vergessenen Vorgeschichte... vorführt« (1937 b).* Eine Konstruktion (heute zumeist »Rekonstruktion« genannt) stellt eine »Vorarbeit« dar, die das Wiederauftauchen von Erinnerungen an die Vergangenheit oder deren Wiederholung in der Übertragung fördern soll.

Solange man anfangs die Deutung als einen Vorgang betrachtete, der sich im Analytiker vollzog, machte es wenig aus, wenn man die Bezeichnung auch auf das anwandte, was der Analytiker dem Patienten sagte, denn (von Beschränkungen abgesehen, die das »analytische Taktgefühl« verlangte) es handelte sich ja in beiden Fällen um den gleichen Inhalt. Als dann zunehmend deutlich wurde, daß auch Widerstände und Abwehr dem Patienten aufgezeigt werden müssen, begann man größeren Wert auf die *Form* zu legen, in welcher der Analytiker seine Mitteilungen und Erklärungen dem Patienten vermittelte. Dies hat dazu geführt, daß in der psychoanalytischen Literatur nach Freud die Bezeichnung »Deutung« oft so gebraucht wurde, daß sie sich vorwiegend auf das bezieht, was der

---

* Diese Definition, die erst spät in Freuds Schriften erscheint, klingt etwas eigenartig. In der hier zitierten Form ist sie in der nachfolgenden Literatur nicht beibehalten worden. Das »Einzel«-Element als Gegenstand der Deutung findet heute keine spezielle Beachtung mehr.

Analytiker dem Patienten sagt, und sich nicht mehr darauf beschränkt, wie der Analytiker das Material des Patienten versteht. Heute wird die Bezeichnung normalerweise so verwendet, daß damit der eine oder andere Aspekt in den Mitteilungen des Analytikers gemeint ist. Die »Kunst des Deutens«, die der Analytiker beherrschen soll, ist heute nicht so sehr die Kunst, den unbewußten Sinn im Material des Patienten zu verstehen, sondern vielmehr die Kunst, wirksame verbale Interventionen einer besonderen Art zu vollziehen. So spricht Fenichel (1945 a) vom Deuten als »einem unbewußten Inhalt zum Bewußtwerden zu verhelfen, indem man ihn in dem Moment ›deutet‹, zu dem er aufzutauchen versucht«.

Der Bedeutungswandel des Begriffs war offenbar eine unausweichliche Folge der Einführung der Strukturtheorie durch Freud (1923, 1926 a) und der Abkehr von der bisherigen »topischen« Auffassung (s. Kap. 1). Im Bereich der psychoanalytischen Technik ging es nun mehr und mehr um Fragen, wie man Deutungen formuliert, die vom Patienten angenommen werden können, oder die zu einem bestimmten Zeitpunkt besonders wirksam sein könnten. Wichtig wurde, *was* der Analytiker dem Patienten mitteilen solle, *wann* und *in welcher Form* dies geschehen könnte (W. Reich, 1928; Anna Freud, 1936; Fenichel, 1941, 1945 a; Hartmann, 1939, 1951; Kris, 1951; Loewenstein, 1951; Greenson, 1967).

Man erinnert sich, daß von 1897 bis 1923 die freien Assoziationen des Patienten als oberflächliche Abkömmlinge unbewußter Regungen und Wünsche betrachtet wurden, die »sich aus der Tiefe ihren Weg zur Oberfläche bahnen«. Das Problem der Deutung lag vorwiegend darin, das »tiefere« unbewußte Material durch die Analyse der bewußten Mitteilungen zu verstehen. Unter dem strukturellen Gesichtspunkt hob man die Vermittlungsfunktion des organisierten Teils der Persönlichkeit (des Ich) zwischen den Triebregungen (dem Es), den Anforderungen des Gewissens und der Ideale (dem Über-Ich) sowie der äußeren Realität hervor. Deutungen richteten sich also an das Ich des Patienten und mußten dessen Stärken und Schwächen Rechnung tragen. Der Analytiker mußte die *Wirkungen* seiner Mitteilungen bedenken. Veranschaulicht wird dies durch Fenichels Anekdote vom Analytiker, der seinem Patienten wochenlang ohne jeden Erfolg gedeutet hatte, der Patient habe den Wunsch, ihn umzubringen. Während der Analytiker wohl den unbewußten Wunsch des Patienten richtig verstanden hatte, war die Art, wie der Analytiker es dem Patienten sagte, offenbar unrichtig. »Eine solche Deutung in dieser Situation *steigert* die Angst und damit die Abwehr des Ich, statt sie zu mindern. Die richtige Deutung wäre (nach Fenichel) gewesen: ›Sie können nicht sprechen, weil Sie Angst haben, daß dann bei Ihnen

Gedanken und Gefühle erscheinen könnten, die gegen mich gerichtet sind.‹« (1941)*

Heute scheint die Situation so zu sein, daß die Bezeichnung »Deutung« einmal als gleichbedeutend mit fast allen verbalen (und gelegentlich sogar nicht-verbalen) Interventionen des Analytikers angesehen wird, zum anderen jedoch als eine *spezielle Variante* der verbalen Intervention.

In der Literatur finden sich relativ wenig Versuche, auf einer deskriptiven Ebene die verschiedenartigen Komponenten der verbalen Interventionen voneinander zu unterscheiden. Loewenstein (1951) meinte, daß diejenigen Äußerungen des Analytikers, die »Bedingungen herstellen, ohne die das analytische Verfahren unmöglich wäre«, keine Deutungen, sondern Kommentare seien und dem Freiwerden der Assoziationen des Patienten dienen (etwa »solche, die den Patienten veranlassen, die Grundregel zu befolgen, deren Absicht in der Lockerung der Barriere oder Zensur liegt, die normalerweise zwischen den bewußten und vorbewußten Vorgängen existiert ...«). Eigentliche Deutungen sind verbale Interventionen, die »jene dynamischen Veränderungen, die wir Einsichten nennen« hervorrufen. Er trennt somit Anweisungen und Erklärungen vom Begriff der Deutung ab und betrachtet diesen als Bezeichnung »für jene Erklärungen, die der Analytiker dem Patienten gibt, um dessen Wissen von sich selbst zu erweitern. Der Analytiker bezieht dieses Wissen aus Elementen, die in den Gedanken, Gefühlen, Worten und Verhaltensweisen des Patienten selbst enthalten und ausgedrückt sind«.**

Loewenstein macht auch auf Interventionen aufmerksam, die man »Vorbereitungen zur Deutung« nennen könnte, wie etwa ein Hinweis des Analytikers auf ähnliche Erlebnisabläufe im Patienten, die dieser noch gar nicht mit der augenblicklichen Situation in Verbindung gebracht hatte.

Eissler (1953) hebt hervor, daß manche Interventionen (beispielsweise Aufforderungen gegenüber phobischen Patienten) nicht zum »Grundmo-

---

* Es gibt immer noch Analytiker, die ihre Aufgabe darin sehen, dem Patienten ständig tief unbewußtes Material zu deuten, und die anscheinend meinen »je tiefer, desto besser«.

** An Loewensteins Formulierung ist problematisch, daß er die Deutung auf der Grundlage der von ihr hervorgerufenen Wirkung definiert, also als Ursache dynamischer Veränderungen, die zu Einsicht führen. Man kann sich leicht Deutungen vorstellen, die richtig, aber nicht wirksam sind, und umgekehrt auch Deutungen, die unrichtig, aber wirksam sind (Glover, 1931). Definition der Deutung anhand ihres Zieles anstelle ihrer Wirkung könnte die begriffliche Klarheit verbessern.

dell der psychoanalytischen Technik« gehören. Er nennt sie »technische Parameter«. In der gleichen Arbeit sagt Eissler weiter, daß manche verbalen Interventionen, die keine Deutungen sind, wesentliche Teile des »Grundmodells« darstellen. Hierzu gehören Anweisungen, die man in bezug auf einen bestimmten Patienten für angemessen hält (z. B. zur Grundregel der freien Assoziation), und Fragen, die der Erhellung des Materials dienen. Seiner Ansicht nach ist »die Frage als Kommunikationsmittel ein grundsätzliches und infolgedessen unerläßliches Werkzeug der Analyse, das sich ganz wesentlich von der Deutung unterscheidet«. Olinick (1954) bietet eine wertvolle Erörterung der Rolle des Fragens in der psychoanalytischen Technik an.

Greenson betrachtete einige verbale Komponenten der analytischen Technik genauer (1967). Er sagt: »Die Bezeichnung ›analysieren‹ ist eine Kurzformel, die sich auf ... (bestimmte) ... einsichtsfördernde Verfahrensweisen bezieht.« Hierunter gehören:

Konfrontation. Hier handelt es sich um den Vorgang, die Aufmerksamkeit des Patienten auf ein bestimmtes Phänomen zu lenken, es explizit zu machen und ihn dahin zu führen, daß er etwas erkennt, dem er bisher ausgewichen war und das er besser zu verstehen lernen muß.

Klarifizierung. Sie kann sich an die Konfrontation anschließen und mit ihr verschmelzen, doch geht es hier mehr darum, die psychischen Phänomene, mit denen der Patient konfrontiert wurde (und die er nun bereitwilliger zur Kenntnis nimmt), in ein scharfes Licht zu rücken. Dazu gehört das Herausarbeiten wesentlicher Details und deren Loslösung von nebensächlichen Dingen.

Deutung. »Die unbewußte Bedeutung, Quelle, Geschichte, Art oder Ursache eines gegebenen psychischen Ereignisses bewußtmachen. Dies erfordert gewöhnlich mehr als nur eine Intervention.«

Zusätzlich zu diesen drei (oft miteinander verflochtenen) Verfahrensweisen fügt Greenson als vierte Komponente des analytischen Verfahrens noch das *Durcharbeiten* an (s. Kap. 11).

Zusammenfassend ist zu sagen, daß die Bezeichnung *Deutung* in der psychoanalytischen Literatur in folgenden Bedeutungen gebraucht wurde:

1. Die Ableitungen und Schlußfolgerungen des Analytikers aus den Mitteilungen und Verhaltensweisen des Patienten hinsichtlich ihres unbewußten Sinngehaltes.
2. Die Mitteilung der Ableitungen und Schlußfolgerungen des Analytikers an den Patienten.
3. Sämtliche Kommentare des Analytikers. Dies ist ein weit verbreiteter populärer Gebrauch der Bezeichnung »Deutung«.

4. Verbale Interventionen, die spezifisch darauf abzielen, auf dem Wege der Einsicht eine »dynamische Veränderung« herbeizuführen.

Manche Analytiker trennen folgendes von der eigentlichen Deutung ab:

a) Instruktionen über das analytische Verfahren, die dazu dienen, das analytische Setting zu schaffen oder aufrechtzuerhalten.
b) Konstruktionen (oder Rekonstruktionen) bestimmter Aspekte des frühen Lebens und Erlebens des Patienten, die aus dem Material abgeleitet sind, das der Patient in der Analyse mitteilte oder handlungsmäßig inszenierte.
c) Fragen, mit deren Hilfe Material gewonnen oder erhellt werden soll.
d) Vorbereitungen für Deutungen (z. B. Hinweise auf wiederkehrende Erlebnis- oder Verhaltensmuster im Leben des Patienten).
e) Konfrontationen im Sinne Greensons (1967).
f) Klarifizierungen im Sinne Greensons (1967).

Offensichtlich ist manches an diesen Unterscheidungen recht willkürlich. In der analytischen Literatur ist man sich ziemlich einig darüber, daß keine Deutung jemals vollständig sein kann; einig ist man sich auch, daß es vielleicht am praktischsten wäre, unter dem Begriff der Deutung sämtliche Kommentare und sonstigen Interventionen zusammenzufassen, die darauf abzielen, den Patienten unmittelbar auf einen Aspekt seines seelischen Geschehens hinzuweisen, dessen er sich bisher noch nicht bewußt war. Es würde dann vieles von dem *einbezogen*, was »Vorbereitung zur Deutung«, Konfrontation, Klarifizierung, Rekonstruktion usw. genannt wird. *Ausgegliedert* würden dadurch die normalen und unumgänglichen sozialen Kommunikationen und die Hinweise auf das analytische Verfahren. Natürlich können auch diese eine Wirkung auf den Patienten haben (zum Beispiel ein Stück Sicherheit, das aus der Vereinbarung regelmäßiger Stunden gewonnen wird), aber die Deutung muß unseres Erachtens unter dem Gesichtspunkt der Absicht des Analytikers betrachtet werden, Einsichten zu vermitteln, und nicht auf der Grundlage der Wirkungen, die Äußerungen des Analytikers auf den Patienten haben. Rycroft hat elegant formuliert, was von seinem Standpunkt aus das zentrale Element der Deutung ist. Er sagt (1958): »Der Analytiker fordert den Patienten auf, zu ihm zu sprechen, er hört zu, und von Zeit zu Zeit spricht er auch. Wenn er etwas sagt, dann spricht er aber weder zu sich selbst noch über sich selbst, sondern zum Patienten und über den Patienten. Seine Absicht ist dabei, das Bewußtsein des Patienten von sich selbst zu erweitern, indem er die Aufmerksamkeit des Patienten auf bestimmte Vorstellungen und Gefühle lenkt, die dieser noch nicht explizit mitgeteilt hat, die aber dennoch zu seinem augenblicklichen seelischen Zustand gehören und dafür relevant sind. Diese Vorstellungen, die der Analytiker zu beobachten und zu formulieren vermag, weil sie in dem enthalten sind, was der Patient sagte oder wie er es sagte, sind entweder unbewußt, oder werden, falls sie bewußt sind, nicht in ihrer augenblicklichen und unmittelbaren Relevanz erkannt.« Rycroft fügt hinzu: »Mit anderen Worten, der Analytiker sucht das innerseelische Wahrnehmungsfeld des Patienten zu erweitern, indem er auf Details oder Zusammenhänge im Gesamtbild der augenblicklichen psychischen Aktivität des Patienten hinweist, welche dieser aufgrund seiner Abwehr nicht selbst wahrnehmen oder mitteilen kann.«

Bemühungen um Einengung des Deutungsbegriffs haben eine Nebenwirkung auf die Deutungstechnik, besonders wenn man glaubt, daß bestimmte Deutungen die einzig wirklich »guten« Interventionen seien. Solch eine Wirkung zeigt sich in Zusammenhang mit dem Wert, der den Übertragungsdeutungen zugeschrieben wird. Weil manche Analytiker sie als die einzig »richtige« Form der Deutung betrachteten, sind sie dazu übergegangen, nur noch Übertragungsdeutungen zu geben. Die Folge davon ist, daß man versucht, alle Deutungen in eine »Übertragungs«-Form hineinzupressen (s. Kap 4 und 5 und die Bemerkung über »mutative« Deutungen weiter unten).

Viel Aufmerksamkeit ist in der Literatur dem Inhalt von Deutungen gewidmet worden, insbesondere unter dem Gesichtspunkt der relativen Wirksamkeit verschiedenartiger Deutungstypen. Hier sollen einige Varianten von Deutungen aufgeführt werden, die in der Literatur beschrieben wurden.

Andere »Typen« von Deutung

Inhalts-Deutung wird als eine Bezeichnung gebraucht, um die »Übersetzung« des manifesten oder oberflächlichen Materials in seinen (aus der Sicht des Analytikers) tieferen Sinngehalt zu kennzeichnen, gewöhnlich mit besonderer Betonung infantiler sexueller oder aggressiver Wünsche und Phantasien. Dies war der in den ersten Dekaden der Psychoanalyse vorherrschende Typus von Deutung. Dabei geht es allein um den Sinn (den unbewußten Inhalt) des Verdrängten, und nicht um das konflikthafte Ringen, das die Erinnerungen und Phantasien im Unbewußten hält. Zusammen mit den *Symbol*deutungen, die eine Übersetzung der symbolischen Bedeutungen von Träumen, Fehlleistungen usw. darstellen, werden die Inhaltsdeutungen üblicherweise als Hauptanteil in der Tätigkeit des Analytikers betrachtet; ein Irrtum, der auf Freuds frühe Schriften zurückgeht.

Abwehr-Deutungen sind eine besondere Form der Widerstandsanalyse (s. Kap. 7). Sie zielen darauf ab, dem Patienten die Mechanismen und Manöver vor Augen zu führen, die er zur Bewältigung schmerzlicher Gefühle bei einem bestimmten Konflikt verwendet, und sollen ihm, falls möglich, die Ursprünge dieser Operationen aufzeigen. Abwehrdeutungen gelten als unerläßliche Ergänzung der Inhaltsdeutungen, da letztere unzulänglich bleiben, wenn man dem Patienten nicht zugleich auch zeigt, in welcher Weise er mit seinen eigenen infantilen Regungen umgeht. Anna Freud (1936) bemerkte dazu: »Eine Technik ..., die sich in zu ausschließlicher Weise der Symbolübersetzung bedienen würde, wäre in Gefahr, auch in zu ausschließlicher Weise Es-Inhalte zutage zu fördern ... Man könnte die Berechtigung einer solchen Technik damit verteidigen, daß man meint, sie hätte den Umweg über das Ich eben nicht nötig ... Aber ihre Ergebnisse bleiben doch unvollständig.«

Abwehrdeutungen sind auch besonders wichtig zur Herbeiführung einer Veränderung im neurotischen Patienten, da seine Störung auch in seiner besonderen Organisation der Abwehr verwurzelt ist, das heißt, in der spezifischen Weise, wie er mit Konflikten umgeht. Die Veränderung dieser Abwehrorganisation gilt als wesentlicher Teil des therapeutischen Prozesses (s. Kap. 7).

Der Gedanke, daß bestimmte Deutungen von größerer Wirksamkeit seien als andere, liegt auch dem Konzept der *mutativen* Deutung zugrunde. Strachey (1934) meinte, daß die entscheidenden Veränderungen im Patienten, die durch Deutungen bewirkt werden, sein Über-Ich betreffen. Deutungen mit dieser Wirkung werden als »mutative« bezeichnet; um so wirksam werden zu können, müssen sie auf Vorgänge bezogen sein, die im unmittelbaren »Hier und Jetzt« der analytischen Situation stattfinden (da nach Stracheys Auffassung nur Deutungen solch unmittelbarer Vorgänge, insbesondere von Übertragungsvorgängen, genügend Kraft besitzen, um grundlegende Veränderungen zu bewirken).

Wie schon früher erwähnt, hat dieser Gedanke zu der Auffassung beigetragen, der Analytiker solle nur *Übertragungs*-Deutungen geben, da sie die einzigen Deutungen seien, die Wirksamkeit besäßen (s. Kap. 4 und 5). So hatte sich Strachey das wohl nicht gedacht, es entspricht auch nicht dem praktischen Vorgehen der meisten Analytiker, die ebenso *Außer-Übertragungs*-Deutungen (bzw. *Nicht-Übertragungs*-Deutungen) geben.

Direkt-Deutungen sind solche, die als unmittelbare Reaktionen auf das Material des Patienten erfolgen, ohne weitere Einfälle abzuwarten oder zu klarifizieren (z. B. Rosen, 1953). Oft handelt es sich dabei um Symboldeutungen.

Mehrere Autoren haben sich mit der Beziehung zwischen Therapieerfolg und »richtigen« Deutungen beschäftigt. Zum Beispiel meinte Glover (1931), daß unter bestimmten Umständen auch unrichtige, ungenaue und unvollständige Deutungen zu therapeutischem Fortschritt führen können. Eine Erklärung dieser Wirkung sieht er darin, daß dem Patienten eine alternative Organisation geboten wird, die als »neues Ersatzprodukt« (anstelle des bisherigen Symptoms) wirken kann und »vom Ich des Patienten dann akzeptiert wird«.

Susan Isaacs (1939) vertrat in ihrer Erörterung des Deutungsvorgangs die Ansicht, der gut ausgebildete Analytiker gebrauche Deutungen im Sinne wissenschaftlicher Hypothesen über die psychischen Prozesse seines Patienten. Sie sagt, daß »dieses Entdecken des tieferen Sinnes im Material des Patienten manchmal als eine Intuition aufgefaßt wird. Ich möchte diese Bezeichnung ihres mystischen Beiklangs wegen lieber vermeiden. Der Verstehensvorgang mag weitgehend unbewußt sein, aber er ist nichts Mystisches. Man bezeichnet ihn besser als eine *Wahrnehmung*. Wir nehmen die unbewußte Bedeutung, die Wort und Benehmen des Patienten haben, als einen objektiven Vorgang wahr. Unsere Fähigkeit ihn zu erkennen hängt ... von einer Fülle von Vorgängen in uns selbst ab, die teils bewußt und teils unbewußt sind. Es ist jedoch eine objektive Wahrnehmung von dem, was im Patienten vor sich geht, und gründet auf realen Daten.« Die Betonung einer »objektiven Wahrnehmung objektiver Daten« wurde von Rycroft (1958) in Frage gestellt; er meint, daß es Freud nicht darum ging, ein Phänomen kausal zu erklären, sondern vielmehr »es zu verstehen und ihm einen Sinn zu geben; der Vorgang, den er vollzog, war nicht wissenschaftliche Aufdeckung von Ursachen, sondern ein semantisches Auffinden eines Sinngehaltes. Man kann in der Tat argumentieren, daß Freud in vieler Hinsicht semantisch arbeitete und eine revolutionäre Entdeckung in der Semantik machte, wenn er zum Beispiel sagt, daß neurotische Symptome verborgen sinnhaltige Kommunikationen sind, daß er jedoch aufgrund seiner wissenschaftlichen Ausbildung und Verpflichtung seine Entdeckungen im begrifflichen Bezugssystem der Physik formulierte«. Isaacs Behauptung, die Wahrnehmung unbewußter Bedeutungen durch den Analytiker sei ein objektiver Vorgang, ist zumindest höchst anfechtbar. Auf der anderen Seite ist aber auch die Gegenüberstellung von »wissenschaftlich« und »semantisch« bei Rycroft fraglich.

Eine Mittelstellung scheint die Ansicht von Kris (1956) einzunehmen, der sich auf »die wohlbekannte Tatsache bezieht, daß die Rekonstruktion von Kindheitsereignissen durchaus mit etlichen Denkvorgängen und Gefühlen zu tun haben mag — meiner Ansicht nach ist dies immer so —, die nicht unbedingt damals ›existierten‹, als das ›Ereignis‹ stattfand. Sie mögen entweder nie bewußt geworden oder zu einem späteren Zeitpunkt in einer ›Kette von Ereignissen‹ aufgetaucht sein, an die das ursprüngliche Erlebnis Anschluß fand. Durch rekonstruierende Deutungen können sie zu einem Teil der ausgewählten Erlebnisse werden, die das biographische Bild ausmachen, das sich in günstigen Fällen im Verlauf der analytischen Behandlung ergibt«.

Balint (1968) hat darauf hingewiesen, daß die besondere analytische Sprache und der besondere Begriffsrahmen eines Analytikers unausweichlich mitbestimmen, auf welchem Wege ein Patient zum Verständnis seiner selbst gelangt. Von diesem Gesichtspunkt aus erscheint es so, als hänge therapeutische Veränderung als Folge der Analyse in hohem Maße von dem Angebot eines strukturierten Bezugssystems von Vorstellungen und Gefühlen ab, innerhalb dessen der Patient sich und sein subjektives Erleben seiner selbst sowie das anderer Menschen in für ihn nützlicher Weise einordnen kann (s. auch Novey, 1968).

Das Konzept der Deutung ist nicht auf die psychoanalytische Behandlungssituation oder Formen psychodynamischer Psychotherapie begrenzt. Auch wenn ein praktischer Arzt die unausgesprochenen Krankheitsängste seines Patienten verbalisiert, kann man dies als eine Deutung auffassen, weil damit die Absicht verbunden ist, dem Patienten Einsicht zu vermitteln, indem ihm ein Aspekt seiner Gefühle und Verhaltensweisen vorgelegt wird, dessen er sich bisher nicht voll bewußt war. Daraus folgt natürlich nicht, daß der innerhalb eines bestimmten Settings angemessene Typus einer Deutung auch in anderen Situationen immer angemessen ist.

Einsicht

Das Konzept »Einsicht« wird in der Psychoanalyse, in den von ihr abgeleiteten Systemen der Psychotherapie und in der dynamischen Psychiatrie oft verwendet. Die Bezeichnung wird allgemein so gebraucht, als sei ihre Bedeutung unmittelbar verständlich; eine nähere Untersuchung zeigt jedoch bald, daß sie alles andere als klar ist. Zilboorg (1952) bemerkte dazu: »Zu den Unklarheiten, die für die Therapie von größter Bedeutung sind, und die zugleich größte Verwirrung verursachen, gehört die Verwendung des Begriffes Einsicht. Er kommt sozusagen nirgendwo her. Niemand weiß, wer ihn zuerst gebrauchte und in welchem Sinne er das tat.«

Zwischen den psychoanalytischen und den psychiatrischen Bedeutungen dieser Bezeichnung scheint eine komplexe Beziehung zu bestehen. In der allgemeinen Psychiatrie wurde sie eingeführt, um damit »das Wissen (des Patienten), daß seine Krankheitssymptome Abnormitäten oder morbide Phänomene« (Hinsie und Campbell, 1970) seien, zu kennzeichnen. Dies ist die spezifische Bedeutung, in welcher der Begriff in der Psychiatrie seit Beginn des Jahrhunderts gebraucht wurde und weiterhin verwendet wird. Jung bemerkte in einer Erörterung psychotischer Patienten mit schweren intellektuellen und emotionellen Beeinträchtigungen, daß sie »Zeichen mehr oder minder weitreichender Einsicht in die Krankheit« erkennen lassen (1907). Kraepelin (1906), Bleuler (1911) und Jaspers (1913) zufolge ist das »Fehlen von Einsicht« prinzipiell verknüpft mit psychotischen Zuständen. Der Begriff »Einsicht« wurde — besonders während der letzten zwanzig Jahre — aus der Psychiatrie in die Psychoanalyse übernommen. Mit dieser Erweiterung seines Anwendungsbereiches außerhalb der Psychiatrie ging seine speziell psychiatrische Bedeutung verloren. *Vorher* besaß die Anwendung des Begriffes in der Psychoanalyse keine technische Bedeutung. Im Index der *Standard Edition of the Complete Psychological Works of Freud* ist er nicht aufgeführt, obwohl er an verschiedenen Textstellen in einem nicht-technischen Sinne erscheint. Vermutlich wurde ein im Deutschen wie im Englischen relativ umgangssprachliches Wort irgendwann in der Geschichte der Psychoanalyse zu einem technischen Begriff erhoben.* Dennoch ist das Konzept in seinen mehr technischen Formen, in denen es heute in der Psychoanalyse verwendet wird, auch schon fest in Freuds Formulierungen über die zur »Heilung« führenden Veränderungsvorgänge verankert.

Breuer und Freud hatten 1893 geschrieben: »Wir fanden nämlich, anfangs zu unserer größten Überraschung, *daß die einzelnen hysterischen Symptome sogleich und ohne Wiederkehr verschwanden, wenn es gelungen war, die Erinnerung an den veranlassenden Vorgang zu voller Helligkeit zu erwecken, damit auch den begleitenden Affekt wachzurufen, und wenn dann der Kranke den Vorgang in möglichst ausführlicher Weise schilderte und dem Affekt Worte gab.* Affektloses Erinnern ist fast immer völlig wirkungslos« (1895). Freud meinte dazu auch, wenn es gelänge, beim Patienten die Erinnerung zu voller lebendiger Frische zu bringen, so daß er die Dinge wie in Wirklichkeit vor sich sähe, dann kön-

---

* An dieser Stelle bringen die Verfasser im englischen Original eine Fußnote über die lexikalische Bedeutung des Wortes im Englischen und deren Bezüge zur analytischen Bedeutung; sie ist aus linguistischen Gründen hier ausgelassen. (Anm. d. Übersetzers.)

ne man auch beobachten, daß er ganz von einem Affekt beherrscht sei. Bringe man ihn dann dazu, den Affekt in Worte zu fassen, träten auch gleichzeitig mit dem Affekt seine Schmerzsymptome ganz akut in Erscheinung, um von da an als chronisches Symptom zu verschwinden.*

Das »kognitive« Wissenselement, die »Erinnerung an das Ereignis«, war von Freud in der ersten Phase der Psychoanalyse *in Zusammenhang mit der Affektentladung* herausgestellt worden. Der Gedanke einer Heilung durch Affektabfuhr in Gestalt einer Abreaktion war verknüpft mit der Vorstellung, daß die Hysterie auf einem spezifischen traumatischen Ereignis mit pathogener Wirkung beruhe. Das Wiederaufdecken verdrängter Erinnerungen mit begleitendem Affekt hat viel Ähnlichkeit mit dem, was Analytiker heutzutage als »emotionelle Einsicht« bezeichnen.

Als sich Freuds Auffassung der Pathogenese änderte, an die Stelle des äußeren traumatischen Ereignisses die Schicksale der Triebe traten und sich sein Interesse zunehmend auf die Traumdeutung (1900) verlagerte, rückte offenbar auch das affektive Moment mehr in den Hintergrund. Die Einsicht des Analytikers wurde nun mehr oder minder mit dem Sinnverständnis der Äußerungen des Patienten gleichgesetzt; dieses Verstehen gab er an den Patienten weiter, wobei häufig Erklärungen und logische Argumente verwandt wurden. Als sich dann allmählich die Erkenntnis durchsetzte, daß es unumgänglich war, Übertragung und Übertragungswiderstände zu analysieren, wurde von neuem offenbar, welche Bedeutung der emotionelle Kontext besitzt, in den das Verständnis des Patienten eingebettet ist. Wie Freud es ausdrückte: »In den frühesten Zeiten der analytischen Technik haben wir allerdings in intellektualistischer Denkeinstellung das Wissen des Kranken um das von ihm Vergessene hoch eingeschätzt und dabei kaum zwischen unserem Wissen und dem seinigen unterschieden ... Es war eine schwere Enttäuschung, als der erwartete Erfolg ausblieb« (1913 a).

Im Titel einer analytischen Arbeit ist die Bezeichnung nicht erschienen, bis French 1939 »Insight und distortion in dreams« veröffentlichte. French sagte ausdrücklich, daß er die Bezeichnung von dem Gestaltpsychologen W. Köhler (1925) übernommen hatte. Köhler hatte beschrieben, wie die Wahrnehmung einer Problemlösung bei einem Versuchstier sich plötzlich wie eine »Einsicht« einstellt. French betrachtete die Einsicht in der Psychoanalyse als ein ähnliches Phänomen, das heißt als »ein ›praktisches Begreifen‹ der Konfliktsituation«. Nach Frenchs Meinung

---

* Die wörtliche Formulierung Freuds stammt aus einem Vortrag, der in der *Wien. med. Presse*, Jg. 34 (4), S. 121—126, vom Jan. 1893 abgedruckt wurde, die aber nicht in den Gesammelten Werken enthalten ist. (Anm. d. Übersetzers.)

ist solche Einsicht *in sich* noch nicht das therapeutisch Wirksame, aber eine Vorbedingung für das weitere »Problemlösen«, das zur Heilung führen kann.

In der auf Freud folgenden psychoanalytischen Literatur scheint das Hauptproblem zu sein, die Merkmale zu bestimmen, die »echte« oder »emotionelle« Einsicht auf der einen, und rein intellektuelle Einsicht auf der anderen Seite voneinander unterscheiden. Die Psychoanalytiker glauben allgemein, daß diese Unterscheidung möglich ist und vom Standpunkt der analytischen Technik her entscheidende Bedeutung besitzt. Das bloße intellektuelle Wissen über die psychoanalytische Sicht der Störungsquellen ist völlig wirkungslos (da ja sonst ein Patient geheilt werden könnte, wenn man ihm ein psychoanalytisches Buch zu lesen gäbe). Vom Standpunkt der analytischen Therapie her ist emotionelles Erleben eine wesentliche Komponente der wirksamen Einsicht. Die Frage, wie man definieren kann, was die »echte«, »emotionelle« oder »wirksame« Einsicht ausmacht, hat indessen Probleme aufgeworfen, mit denen viele Autoren gerungen haben (z. B. Kubie, 1950; Zilboorg, 1952; Reid und Finesinger, 1952; Martin, 1952; Richfield, 1954; Silverberg, 1955; Kris, 1956; Valenstein, 1962; Myerson, 1960, 1963, 1965; Segal, 1962; Pressman, 1969 a, b). Eine von den Schwierigkeiten, die dem Problem einer geeigneten Definition wirksamer psychoanalytischer Einsicht innewohnen, ist die Versuchung gewesen, einer Tautologie zu erliegen, wie zum Beispiel: Wenn Einsicht unwirksam bleibt und keine Veränderung hervorruft, dann ist es keine ›wahre‹ Einsicht; *ergo* ist Einsicht wirksam, die Veränderung hervorruft.

Wenn wir diese Schwierigkeiten vermeiden wollen, müssen wir offenbar das Konzept der emotionellen Einsicht vom Konzept der »Heilung« trennen, denn es folgt nicht, daß solche Einsicht notwendigerweise zu progressiven und therapeutischen Veränderungen des Patienten führt. Reid und Finesinger (1952) sowie Richfield (1954) haben versucht, bei ihren Bemühungen um Klärung des Problems eine philosophische Analyse anzuwenden. Die erstgenannten Autoren benützen die Bezeichnung »dynamische Einsicht« für die wirksame Form und zitieren dabei Kubies (1950) Feststellung, daß »Einsicht sich erst dann therapeutisch auszuwirken beginnt, wenn sie zu einer Wahrnehmung der Beziehung zwischen verschiedenartigen Erlebnissen und den unbewußten Konflikten führt, aus der die neurotischen Persönlichkeitskomponenten und die neurotischen Symptome selbst entstanden sind«. Reid und Finesinger suchen zwischen »neutraler« und »emotioneller« Einsicht zu trennen. Die erstere Bezeichnung soll besagen, »daß in der Beziehung, deren Bedeutung durch den Einsichtsakt erfaßt wird, keine emotionelle Komponente vor-

handen ist, und auch der Einsichtsakt selbst zur Zeit seines Vollzuges in der Person keine emotionelle Reaktion vermittelt oder auslöst«. Bei der »emotionellen« Einsicht »ist die Emotion Teil des Inhalts, in den der Patient Einsicht gewinnt, oder genauer ausgedrückt, er ist eine Komponente der Beziehung, deren Bedeutung durch Einsicht erfaßt wird«. Entsprechend handelt es sich dann um »emotionelle« oder »dynamisch wirksame« Einsicht, wenn »sie dem Patienten eine Tatsache bewußtmacht, die eine Emotion sein kann oder auch nicht, die aber eine Gefühlsreaktion anstößt oder auslöst«. Offenbar ist dies eine Definition von Einsicht, die vom psychoanalytischen Standpunkt her der Sache am nächsten kommt, und die auch nicht notwendigerweise an das Kriterium der »Richtigkeit« oder der therapeutischen Veränderung geknüpft ist.
Unserem Eindruck nach führt die Vorstellung von der »richtigen« Einsicht zu vielen Schwierigkeiten. Weiterhin kann das Konzept »wirksame« Einsicht in ein tautologisches Argument münden. Möglicherweise besteht der zweckmäßigste Zugang zum Problem darin, daß man »intellektuelle« Einsicht von denjenigen Formen von Einsicht unterscheidet, die entweder Gefühle auslösen oder bei denen ein Aspekt eines Gefühlszustandes Teil des Inhalts der Einsicht selbst bildet. Dies würde sich auch mit dem Standpunkt vereinbaren lassen, den wir an früherer Stelle in diesem Kapitel erörterten und zu dem wir sagten, daß die therapeutische Veränderung als Folge der Analyse in hohem Maße davon abhängt, daß ein strukturiertes und organisiertes Bezugssystem von Vorstellungen und Gefühlen angeboten wird, innerhalb dessen der Patient sich und sein subjektives Erleben seiner selbst und anderer in für ihn nützlicher Weise einordnen kann. Es würde uns verstehen lassen, warum unterschiedliche psychoanalytische und psychotherapeutische Gesichtspunkte in den Deutungsangeboten an den Patienten sich manchmal von den therapeutischen Ergebnissen her als gleichermaßen wirksam erweisen.

11 Durcharbeiten

Die psychoanalytische Behandlung hat mit einigen anderen Formen der Psychotherapie gemeinsam zum Ziel, dauerhafte Veränderungen im Patienten herbeizuführen. Sie verwendet hierzu, wie andere »Einsicht«-Therapien auch, Deutungen und andere verbale Interventionen (Kap. 10). Diese dienen zum Teil dazu, unbewußte Inhalte und Vorgänge bewußtzumachen, doch schon von der Frühzeit der psychoanalytischen Behandlung an stellte man fest, daß »Unbewußtes bewußtmachen« und Gewinnung von Einsicht gewöhnlich noch nicht ausreichen, um eine grundsätzliche Änderung im Patienten zu bewirken. Im Unterschied zum hypnotischen und kathartischen Verfahren hängt bei der psychoanalytischen Methode der Erfolg von einer Anzahl zusätzlicher Elemente ab. Einige davon wurden in den vorangegangenen Kapiteln behandelt, speziell das Behandlungsbündnis (Kap. 3), die Übertragung (Kap. 4 und 5) und die Widerstandsanalyse (Kap. 7). Absicht des vorliegenden Kapitels ist eine Untersuchung jener zusätzlichen Faktoren in der analytischen Behandlungssituation, die man unter dem Titel *Durcharbeiten* zusammenfaßt.

Freud benützte in seinen frühesten Schriften (1895) zwar schon Worte wie »abtragen« und »überarbeiten«, doch der therapeutische Begriff des Durcharbeitens erscheint erst in der Arbeit »Erinnern, Wiederholen und Durcharbeiten« (1914 a). Dort führte Freud aus, daß es in der ersten Phase der Psychoanalyse das Behandlungsziel war, das pathogene traumatische Ereignis wiederzuerinnern, das man sich an der Wurzel der Neurose vorstellte, und den mit diesem Ereignis verbundenen Affekt abzureagieren. Nach dem Aufgeben der Hypnose bestand dann die therapeutische Aufgabe darin, mittels der freien Assoziationen des Patienten vergessene signifikante Inhalte und damit verbundene Affekte wiederaufzudecken; dies stellte eine »Arbeitsanforderung« an den Patienten, weil seine Widerstände gegenüber der Freilegung des Verdrängten überwunden werden mußten. Anstelle der Wiedererinnerung bedeutsamer Erlebnisse nahm nun deren Wiederholung in Form der Übertragung und des Agierens den wichtigsten Platz ein (Kap. 9). Die analytische Arbeit richtete sich nun weitgehend darauf, die Widerstände zu deuten und dem Patienten zu zeigen, wie sich die Vergangenheit in der Gegenwart wiederholt. Aber selbst wenn der Analytiker einen Widerstand aufgedeckt und ihn dem Patienten benannt hat, bewirkt dies allein noch keinen Fortschritt in der Behandlung. »Man muß dem Kranken die Zeit lassen, sich in den ihm unbekannten Widerstand zu vertiefen, ihn *durchzuarbeiten*, ihn zu überwinden, indem er ihm zum Trotze die Arbeit nach der analytischen Grundregel fortsetzt ... Dieses Durcharbeiten der Widerstände mag in der Praxis zu einer beschwerlichen Aufgabe für den Analysierten und zu einer Geduldsprobe für den Arzt werden. Es ist aber jenes Stück der Arbeit, welches die größte verändernde Einwirkung auf den Patienten hat und das die analytische Behandlung von jeder Suggestionsbeeinflussung unterscheidet« (Freud, 1914 a).

Obgleich Freud später eine Reihe von verschiedenartigen Quellen des Widerstandes unterschied (s. Kap. 7), verknüpfte er doch das Erfordernis des Durcharbeitens mit einer besonderen Widerstandsform, die sich als »Wiederholungszwang« (1920) und »Es-Widerstand« (1926 a) zeigt. Man kann dies als eine Widerspiegelung des »Widerstrebens« der Triebe gegen ihre Ablösung von ihren früheren Objekten und Abfuhrwegen betrachten (1915 a, b). Freud sprach auch von der psychischen »Trägheit« (1918; der Ausdruck war von Jung entliehen), der »Klebrigkeit« (1916/17) und der »Schwerbeweglichkeit« (1940) der Libido als Kräften, die sich der Heilung widersetzen.* 1937 brachte er »psychische Trägheit« mit angeborenen konstitutionellen Faktoren und mit dem Altern in Verbindung (1937 a). Er meinte, daß durch das Alter der psychoanalytische Prozeß weniger wirksam gemacht wird, so daß man fortgeschrittenes Alter als eine Kontraindikation für die analytische Behandlung ansieht (s. Tyson und Sandler, 1971).

Unter Durcharbeiten verstand Freud somit die Arbeit (sowohl des Analytikers als auch des Patienten), welche zur Überwindung von Widerständen gegenüber Veränderung erforderlich ist, die in erster Linie auf der Tendenz der Triebe beruhen, an gewohnten Abfuhrwegen festzuhalten. Durcharbeiten bedeutete analytische Arbeit, die zu der des Aufdekkens von Konflikten und Widerständen *hinzukam*. Intellektuelle Einsicht ohne Durcharbeiten ist für die therapeutische Aufgabe nicht ausreichend, weil die Tendenz der früheren Funktionsweisen, sich in gewohnter Form zu wiederholen, unverändert fortbestehen bleibt.

Die an Freud anschließenden Entwicklungen der psychoanalytischen Theorie haben das Konzept in mehreren Hinsichten beeinflußt, so daß von der ursprünglichen deskriptiven Einfachheit manches verlorenging.

---

* Diese Ausdrücke spiegeln Freuds Auffassung der Triebe als Energie wider, die mit bestimmten Vorstellungen verknüpft werden kann, insbesondere diejenigen der Liebesobjekte aus der Kindheit. Dieses Konzept ist in jüngerer Zeit angefochten worden (etwa Rosenblatt und Thickstun, 1970).

Novey (1962) sprach sogar von »unserem Versagen, den Vorgang des Durcharbeitens zu verstehen«, und in noch jüngerer Zeit brachte Bird (in Schmale, 1966) die Ansicht zum Ausdruck, daß für diese Bezeichnung kein Bedarf sei. Dennoch wird sie von vielen weiter benutzt und allgemein als ein grundlegender therapeutischer oder technischer Begriff angesehen.

Fenichel (1935, 1937, 1941) betrachtete das Durcharbeiten vorwiegend als eine Tätigkeit des Analytikers, weniger als gemeinsame Aufgabe von Analytiker und Patient, und bezeichnete es als »einen besonderen Typus von Deutung«. Er verwies darauf, daß der Patient gegen die Wahrnehmung von unbewußtem Material, das bereits gedeutet worden war, einen erneuten Widerstand entwickelt und daß neuerliche Deutungsarbeit erforderlich ist, wenn auch der Prozeß dann leichter und rascher vonstatten gehen mag. Während manchmal genau dasselbe Bild beim Patienten wiedererscheint, tauchen bei anderen Gelegenheiten *Varianten* davon in andersartigem Kontext auf. »Der Vorgang, der verlangt, daß man dem Patienten dieselbe Sache zu verschiedenen Zeiten oder in unterschiedlichen Zusammenhängen immer wieder vorführt, wird nach Freud ›Durcharbeiten‹ genannt« (1941).

Interessant ist, daß Fenichel zwar auf der einen Seite Freuds Konzept einengt, indem er das Durcharbeiten als einen Deutungstypus bezeichnet, auf der anderen Seite es aber erweitert und mit den Widerständen des Ich und Über-Ich gegen Veränderung in Verbindung bringt. Ebenso wie einige andere Autoren vergleicht er dann das Durcharbeiten mit der *Trauerarbeit.* »Wenn jemand einen Freund verloren hat, dann muß er sich in allen Situationen, die ihn an den Freund erinnern, von neuem klarmachen, daß der Freund nicht mehr ist und er auf ihn verzichten muß. Das Bild dieses Freundes ist in vielen Komplexen von Erinnerungen und Wünschen als *Repräsentanz* enthalten, und die Ablösung vom Freund muß in jedem Komplex einzeln stattfinden« (1941).

Freud (1914 a) folgend beschrieb Fenichel das Durcharbeiten als einen Vorgang, der zur Lösung kleiner »Energie«-Quantitäten aus ihrer Bindung an die Repräsentanz führt; er ähnelt darin der Abreaktion, wenn er auch ganz das Gegenteil einer einzelnen massiven Abreaktion ist. Gleichzeitig sagte Fenichel über die Deutungen, sie bewirkten, daß »der Patient dazu erzogen wird, immer weniger entstellte Abkömmlinge zu produzieren ...« (1937). Der Gedanke einer solchen ›Mikro-Abreaktion‹ im Durcharbeiten ist seit Fenichel kaum mehr aufgenommen worden. Es hat sich im Gegenteil der Aspekt des ›Lernens‹ in den Vordergrund geschoben.

Andere Autoren erblickten das Wesentliche des Durcharbeitens im (manchmal mühseligen) Aufspüren der Verzweigungen eines Konflikts in den verschiedenen Lebensbereichen des Patienten. So sagte Fromm-Reichmann: »Jedes Verstehen, jedes neue Stück Bewußtsein, das durch klärende Deutungen gewonnen wurde, muß ständig in neuen Verbindungen und Kontakten mit anderen Erlebniszusammenhängen wiedererobert und geprüft werden, wobei offenbleibt, ob jedes für sich durch Deutung angegangen werden muß oder nicht...« (1950). 1956 hob Greenacre die Bedeutung des Durcharbeitens bei solchen Fällen hervor, bei denen ein traumatisches Kindheitsereignis weitreichende Auswirkungen auf verschiedene Persönlichkeitsbereiche hatte. Sie sagte dazu: »Man hat schon früh erkannt, daß zu rasches Aufdecken der Kindheitserinnerungen oder unzulängliche Deutung ihres *Agierens* in der Übertragung wohl zu einer feststellbaren Abreaktion führen kann, die jedoch dann keine dauerhafte Wirkung besitzt. In solchen Fällen erschien das Durcharbeiten für das Bewußtmachen der Erinnerung nicht notwendig, doch dann wurde es unerläßlich für den Erhalt jeglichen therapeutischen Effekts — nicht zur Beseitigung des Widerstands und zum *Auffinden* der Erinnerung, sondern um dem Patienten immer und immer wieder die Wirkungsweise der Triebregungen in den verschiedenen Lebensbereichen aufzuzeigen«. Greenacre merkt an, daß »der Abwehrkonflikt etwas von seiner Struktur beibehielt, falls man nicht wiederholt und im Zusammenhang mit seinen Auswirkungen in vielerlei Situationen daran arbeitete...« Sie ist auch der Ansicht, daß die verstärkte Zuwendung zur Analyse der Abwehrmechanismen zur »Erkenntnis geführt hat, daß ständiges Arbeiten an den Abwehrstrukturen notwendig ist . . . in dieser Arbeit ist vieles von dem enthalten, was man früher *Durcharbeiten* genannt hätte«.

Im gleichen Jahr wies Kris (1956) darauf hin, daß die Deutungsarbeit schließlich zur Rekonstruktion der Vergangenheit des Patienten führt, und daß ein Aspekt des Durcharbeitens in der Erfordernis liegt, diese Rekonstruktionen auf vielerlei verschiedene Bereiche und Schichten im Material des Patienten anzuwenden. Damit steht die mehr allgemeine Feststellung Loewalds (1960) im Zusammenhang, der die Analyse als einen Prozeß betrachtet, der zu strukturellen Veränderungen im Patienten führt.* Jedoch »strukturiert und artikuliert der Analytiker... das vom Patienten angebotene Material. Wenn eine Deutung eines unbewußten

* Die Bezeichnung ›Struktur‹ wird in der psychoanalytischen Literatur speziell für die Dreiheit von Es, Ich und Über-Ich gebraucht, neuerdings aber auch mehr allgemein im Sinne von ›psychischen Organisationen mit einem langsamen Veränderungsprozeß‹.

Sinngehaltes zur rechten Zeit erfolgt, dann erfährt der Patient die Worte, mit denen der Sinngehalt vermittelt wird, als Ausdruck dessen, was er erlebt. Sie strukturieren für ihn das, was zuvor für ihn weniger Struktur besaß, und vermitteln ihm eine ›Distanz‹ zu sich selbst, aus der er sehen, verstehen, in Worte fassen und ›handhaben‹ kann, was zuvor nicht zu sehen, nicht zu verstehen, nicht zu formulieren und nicht zu greifen war ... Der Analytiker funktioniert als Repräsentant einer höheren Organisationsstufe und vermittelt diese an den Patienten, insoweit als das Verstehen des Analytikers auf das Strukturierungsbedürftige und die Art seiner Strukturierungsbedürftigkeit eingestimmt ist.«*

In einer stringenten Diskussion des Durcharbeitens erörtert Novey (1962) die dem Begriff anhaftenden Schwierigkeiten und meint, daß es zwischen Analytiker und Patient Faktoren gebe, die in anderen Therapieformen ebenso wie in der Psychoanalyse vorhanden sind und zum Durcharbeiten beitragen. Diese Faktoren (stützende Techniken usw.) sind notwendig und spielen sich jenseits des Angebotes richtiger Deutungen ab. Novey bemerkt, daß sich das Durcharbeiten außerhalb der Analysenstunde vollzieht. »Vieles von dem, was wir als Durcharbeiten im eigentlichen Sinne betrachten, ist einfach die Zeit, die für das aktuelle Erleben und Wiedererleben in intellektueller und affektiver Hinsicht benötigt wird, so daß eine konstruktive Veränderung stattfinden kann«. Ähnlich äußert sich Valenstein in bezug auf die »Arbeit«, die auch nach Beendigung der Analyse weitergehen kann: »Da in jener nie endenden Phase selbst-analytischer Arbeit, die auf die formale Beendigung der Analyse folgt, das Durcharbeiten rasch vorangehe, können die neuen Muster des Handelns ebenso wie die neuen Denk- und Affektmuster eine fortschreitende Strukturverfestigung erfahren« (1962).

Stewart (1963) wie auch Greenson (1965 b) halten an der Ansicht Freuds fest, daß sich das Durcharbeiten in erster Linie gegen den »Es-Widerstand« richtet. Greenson kommt jedoch zu einer Definition des Durcharbeitens, die sich um Einsicht und Veränderung zentriert. »Wir betrachten die analytische Arbeit erst dann als Durcharbeiten, wenn der Patient Einsicht erlangt hat, nicht aber zuvor. Das Durcharbeiten hat zum Ziele, Einsicht wirksam werden zu lassen, das heißt signifikante und dauerhafte Veränderungen im Patienten zu bewirken ... Die Arbeit beim Durcharbeiten liegt in der Analyse jener Widerstände, die verhindern, daß Ein-

* Loewalds Formulierung dieser Funktion des Analytikers gestattet es, den theoretischen Bezugsrahmen und die Technik des Analytikers nicht unter dem Gesichtspunkt von ›richtig‹ oder ›falsch‹ zu betrachten, sondern danach, ob es in dem genannten Sinne brauchbar ist.

sicht zur Veränderung führt. Analytiker und Patient tragen beide zu dieser Arbeit bei«. Er setzt hinzu: »Durcharbeiten ist im wesentlichen die Wiederholung, Vertiefung und Erweiterung der Widerstandsanalyse.«
Der Begriff des Durcharbeitens ist wohl deswegen so unscharf geworden, weil viele Analytiker versäumt haben, eine klare Unterscheidung zwischen Durcharbeiten als *Beschreibung* eines wichtigen Teils der analytisch-therapeutischen Arbeit und denjenigen psychischen Prozessen vorzunehmen, die das Durcharbeiten erforderlich machen und auf das Durcharbeiten hin erfolgen. Die »beschwerliche Aufgabe« für den Patienten und die »Geduldsprobe« für den Analytiker (Freud, 1914 a), dieselben Dinge immer wieder durchzugehen, die Verzweigungen aufzuspüren, wann immer sie im Material des Patienten erscheinen und wiedererscheinen, ist das Wesentliche am Durcharbeiten. Eine solche Beschreibung des Durcharbeitens würde vermutlich für die meisten Analytiker akzeptabel sein; Meinungsverschiedenheiten treten aber sofort auf, wenn der Begriff erweitert wird. Sie beruhen wahrscheinlich auf unterschiedlichen theoretischen Standpunkten innerhalb der Psychoanalyse und auf der Betonung unterschiedlicher Aspekte des psychischen Geschehens in verschiedenen historischen Phasen der analytischen Theorie. Freud hatte sorgfältig unterschieden zwischen dem Durcharbeiten, den Faktoren, die es notwendig machen (insbesondere »Es-Widerstand«), und den Resultaten, die sich daraus ergeben sollen (Veränderungen dauerhafterer Art, als sie allein durch Suggestion oder Abreaktion herbeigeführt werden können). Autoren wie beispielsweise Greenacre stellen jedoch offenbar die Wiederholungsaspekte der Abwehranalyse dem Durcharbeiten. Ähnlich betrachtet auch Greenson (1965 b) das Durcharbeiten als *Resultat* »zahlreicher Prozeduren, die gleichzeitig vom Analytiker und vom Patienten vollzogen werden ...«, begrenzt es aber zur gleichen Zeit auf die Analyse derjenigen Widerstände, die verhindern, daß Einsicht zu Veränderung führt.
Es wäre offenbar von Nutzen, wenn man das Durcharbeiten als ein im wesentlichen deskriptives technisches Konzept beibehalten würde. Es gilt als unerläßlicher Teil des analytisch-therapeutischen Prozesses und hängt mit der Erfordernis zusammen, Widerstände aus allen Quellen zu überwinden. Die Möglichkeit indessen, daß sich der Patient auch nach Deutung und Einsicht nicht verändert, kann auch auf anderen Faktoren als Widerstand beruhen.*

* Der Begriff des Widerstands ist ein weiteres Beispiel für Erhebung eines deskriptiven Konzepts in den Status eines Erklärungsprinzips. Wir haben schon an früherer Stelle betont, daß man zwischen *Formen* und *Quellen* von Wider-

Vielleicht sollte man hier anmerken, daß Psychoanalytiker einhellig der Meinung sind, Durcharbeiten sei zwar ein wesentlicher Teil des analytischen Prozesses, aber die Deutung unbewußter Inhalte und der Wiederholung in der Übertragung sowie die Gewinnung von Einsicht seien gleichermaßen wesentlich. Eine Technik, die nicht alle diese Elemente benützt, kann daher nicht als psychoanalytische Technik gelten. Dies bedeutet indessen nicht, daß das Durcharbeiten nicht auch in anderen Therapieformen eine Rolle spielen kann, insbesondere dort, wo der Gesichtspunkt des »Neu-Einübens« oder der »Umerziehung« wesentlich ist.

---

stand unterscheiden muß; über die letzteren wurde gesagt, daß der »Es-Widerstand« ein Sonderfall des mehr allgemeinen Widerstandes gegen das Aufgeben früherer adaptativer Lösungen darstelle (einschließlich neurotischer Symptombildungen), der auf die Erfordernis zurückgeht, Erlerntes rückgängig zu machen oder zu löschen (Kap. 7).

Bibliographie

Abraham, K. (1908): The psycho-sexual differences between hysteria and dementia praecox. In: *Selected Papers on Psycho-Analysis,* London, Hogarth Press, 1927 — *Psychoanalytische Studien,* Bd. 2, Frankfurt a. M., S. Fischer, 1971.

— (1919): A particular form of neurotic resistance against the psycho-analytic method. In: *Selected Papers on Psycho-Analysis,* London, Hogarth Press, 1927 — *Psychoanalytische Studien,* Bd. 2, Frankfurt a. M., S. Fischer, 1971.

Abt, L. u. S. Weissman (Hrsg.) (1965): Acting Out. Theoretical and Clinical Aspects, New York, Grune & Stratton Inc.

Alexander, F. (1925): A metapsychological description of the process of cure. *Int. J. Psa,* 6, S. 13—34 — Metapsychologische Darstellung des Heilungsvorganges. *Int. Z. Psa.,* 11, S. 157—178.

— (1948): Fundamentals of Psychoanalysis, New York, W. W. Norton & Co.

— (1950): Analysis of the therapeutic factors in psychoanalytic treatment. *Psychoanalytic Quarterly,* 19, S. 482—500 — Analyse der therapeutischen Faktoren in der psychoanalytischen Behandlung. *Psyche,* 1950, 4, S. 401—416.

— u. T. M. French (1946): Psychoanalytic Therapy, New York, Ronald Press.

Arkin, F. S. (1960): Discussion of L. Salzmann, The negative therapeutic reaction. In: *J. H. Masserman* (Hrsg.): *Science and Psychoanalysis,* 3, S. 314—317.

Arlow, J. A. u. C. Brenner (1964): Psychoanalytic Concepts and the Structural Theory, New York, International Universities Press, Inc.

Arlow, J. A. u. C. Brenner (1969): The psychopathology of the psychoses: a proposed revision. *Int. J. Psa.,* 50, Part 1, S. 5—14 — Zur Psychopathologie der Psychosen, *Psyche,* 23, 1969, S. 402—418.

Atkins, N. B. (1967): Comments on severe and psychotic regression in analysis, *J. Am. Psa. Ass.,* 15, S. 584—625.

Balint, M. (1933): On transference of emotions. In: *Primary Love and Psycho-Analytic Technique,* London, Tavistock Publications Ltd., 1965 — *Urformen der Liebe und die Technik der Psychoanalyse,* Bern, Huber, 1965.

— (1934): Charakteranalyse und Neubeginn, *Int. Z. Psa.,* 20, S. 54—65.

— (1949): Changing therapeutical aims und techniques in psychoanalysis. In: *Primary Love and Psycho-Analytic Technique,* London, Tavistock Publications Ltd., 1965 — *Urformen der Liebe und die Technik der Psychoanalyse,* Bern, Huber, 1965.

— (1965): The benign and malignant forms of regression. In: G. E. Daniel, ed., *New Perspectives in Psychoanalysis,* New York, Grune & Stratton Inc.

— (1968): The Basic Fault. Therapeutic Aspects of Regression, London, Tavistock Publications Ltd. — Therapeutische Aspekte der Regression, Stuttgart, Klett, 1970.

— u. A. (1939): On transference and countertransference. In: *Primary Love and Psycho-Analytic Technique*, London, Tavistock Publications Ltd., 1965 — *Urformen der Liebe und die Technik der Psychoanalyse*, Bern, Huber, 1965.

Bateson, G., D. D. Jackson, J. Haley u. J. Weakland (1956): Towards a theory of schizophrenia. In: *Behavioral Science*, 1, S. 251—264 — Auf dem Weg zu einer Schizophrenie-Theorie. In: G. Bateson, D. D. Jackson et al., Schizophrenie und Familie, Frankfurt a. M., Suhrkamp, 1969.

Bellak, L. (1965): The concept of acting out: theoretical considerations. In: Acting Out. Theoretical and Clinical Aspects, hrsgg. von L. Abt u. S. Weissman, New York, Grune & Stratton Inc.

Bibring, E. (1954): Psychoanalysis and the dynamic psychotherapies, *J. Am. Psa. Ass.*, 2, S. 745—770.

Bion, W. R. (1961): Experiences in Groups, New York, Basic Books — Erfahrungen in Gruppen, Stuttgart, Klett, 1971.

— (1962): Learning from Experience, London, Wm. Heinemann Ltd.

Bleuler, E. (1911): Dementia praecox oder Gruppe der Schizophrenien, Leipzig.

Blos, P. (1966): Discussion remarks. In: A Developmental Approach to Problems of Acting Out, E. Rexford, Hrsg., *Monographs of the J. of the American Academy of Child Psychiatry*, No. 1.

Brenner, C. (1959): The masochistic character: genesis and treatment. *J. Am. Psa. Ass.*, 7, S. 197—226.

Brown, G. W., M. Bone, B. Dalison u. J. K. Wing (1966): Schizophrenia and Social Care: A Comparative Follow-up Study of 339 Schizophrenic Patients, Oxford, University Press.

Cesio, F. R. (1956): Un caso de reacción terapeutica negativa. *Revista de psicoanálisis*, 13, S. 522—526.

— (1958): La reacción terapeutica negativa. *Revista de psicoanálisis*, 15, S. 293—299.

— (1960 a): El letargo, un contribución al estudio de la reacciòn terapeutica negativa. *Revista de psicoanálisis*, 17, S. 10—26.

— (1960 b): Contribución al estudio de la reacción terapeutica negativa. *Revista de psicoanálisis*, 17, S. 289—298.

Cohen, M. B. (1952): Countertransference and anxiety. In: *Psychiatry*, 15. S. 231—243.

Deutsch, H. (1939): A discussion of certain forms of resistance. *Int. J. Psa.*, 20, S. 72—83 — Über bestimmte Widerstandsformen. *Int. Z. Psa.* 24, S. 10—20.

— (1966): Discussion remarks. In: A Developmental Approach to Problems of Actin Out, E. Rexford, Hrsg., *Monographs of the American Academy of Child Psychiatry*, No. 1.

Dickes, R., (1967): Severe regressive disruptions of the therapeutic alliance. *J. Am. Psa. Ass.*, 15, S. 508—533.

Eidelberg, L. (1948): A contribution to the study of masochism. In: *Studies in Psychoanalysis*, New York, Int. Univ. Press Inc.

— (Hrsg.) (1968): Encyclopedia of Psychoanalysis, New York, The Free Press.

Eissler, K. R. (1953): The effect of the structure of the ego on psychoanalytic technique. *J. Am. Psa. Ass.*, 1, S. 104—143.

English, O. S. u. G. H. Pearson (1937): Common Neuroses of Children and Adults, New York, W. W. Norton & Co. Inc.

Erikson, E. H. (1950): Childhood and Society, New York, W. W. Norton & Co. Inc. — Kindheit und Gesellschaft, Stuttgart, Klett, [3]1968.

Federn, P. (1943): Psychoanalysis of psychoses, *Psychiatric Quarterly*, 17, S. 3—19, 246—257 u. 470—487.

Feigenbaum, D. (1934): Clinical fragments, *Psychoanalytic Quarterly*, 3, S. 363—390.

Fenichel, O. (1937): Symposium on the therapeutic results of psychoanalysis. In: *Collected Papers*, Bd. 2, S. 19—24, London, Routledge & Kegan Paul, 1954.

— (1941): Problems of Psychoanalytic Technique, New York, The Psychoanalytic Quarterly Inc.

— (1945 a): The Psychoanalytic Theory of Neurosis, London, Routledge & Kegan Paul.

— (1945 b): Neurotic acting out, *Psychoanalytic Review*, 32, S. 197—206.

Ferenczi, S. (1912): Über passagère Symptombildungen während der Analyse. (passagère Konversion, Substitution, Illusion, Halluzination, »Charakterregression« und Ausdrucksverschiebung) In: *Bausteine zur Psychoanalyse*, Bd. 2, S. 9—26, Bern, Huber, 1964.

— (1914): Einschlafen des Patienten während der Analyse. *Int. Z. Psa.*, 2, S. 274.

Fliess, R. (1953): Countertransference and counteridentification, *J. Am. Psa. Ass.*, 1, S. 268—284.

French, T. M. (1939): Insight and distortion in dreams. *Int. J. Psa.* 20, S. 287—298.

Freud, A. (1928): Introduction to the Technique of Child Analysis, New York und Washington, Nervous and Mental Disease Publishing Co. — Einführung in die Technik der Kinderanalyse, Wien, Int. Verl. Psa., [2]1929.

— (1936): The Ego and the Mechanisms of Defence, London, Hogarth Press — Das Ich und die Abwehrmechanismen, London, Imago, 1952 und München, Kindler, 1968 (Geist und Psyche).

— (1965): Normality and Pathology in Childhood, New York, Int. Univ. Press Inc. — Wege und Irrwege in der Kinderentwicklung, Bern, Stuttgart, Huber u. Klett, 1968.

— (1968): Acting Out, *Int. J. Psa.*, 49, S. 165—170.

Freud, S. (1887—1902): Aus den Anfängen der Psychoanalyse, Frankfurt a. M., S. Fischer, 1962.

— (1895): Studien über Hysterie, Gesammelte Werke I, Frankfurt a. M., S. Fischer.

— (1896): Weitere Bemerkungen über die Abwehr-Neuropsychosen, GW I.

— (1900): Die Traumdeutung, GW II—III.

— (1901): Zur Psychopathologie des Allltagslebens, GW IV.

— (1904): Die Freudsche psychoanalytische Methode, GW V.

— (1905 a): Drei Abhandlungen zur Sexualtheorie, GW V.
— (1905 b): Bruchstück einer Hysterie-Analyse, GW V.
— (1909 a): Über Psychoanalyse, GW VIII.
— (1909 b): Analyse der Phobie eines fünfjährigen Knaben, GW VII.
— (1909 c): Bemerkungen über einen Fall von Zwangsneurose, GW VII.
— (1910 a): Die zukünftigen Chancen der psychoanalytischen Therapie, GW VIII.
— (1910 b): Brief an Ferenczi vom 6. Oktober 1910, zitiert in: E. Jones, Sigmund Freud: Life and Work, vol. 2, New York, Basic Books, 1955 — Das Leben und Werk von Sigmund Freud, Bd. 2, Bern u. Stuttgart, Huber, 1962.
— (1911 a): Psychoanalytische Bemerkungen über einen autobiographisch beschriebenen Fall von Paranoia (dementia paranoides), GW VIII.
— (1911 b): Die Handhabung der Traumdeutung in der Psychoanalyse GW VIII.
— (1912): Zur Dynamik der Übertragung, GW VIII.
— (1912): Ratschläge für den Arzt bei der psychoanalytischen Behandlung, GW VIII.
— (1913 a): Zur Einleitung der Behandlung, GW VIII.
— (1913 b): Die Disposition zur Zwangsneurose, GW VIII.
— (1914 a): Erinnern, Wiederholen und Durcharbeiten, GW X.
— (1914 b): Zur Einführung des Narzißmus, GW X.
— (1915 a): Bemerkungen über die Übertragungsliebe, GW X.
— (1915 b): Triebe und Triebschicksale, GW X.
— (1915 c): Mitteilung eines der psychoanalytischen Theorie widersprechenden Falles von Paranoia, GW X.
— (1916): Einige Charaktertypen aus der psychoanalytischen Arbeit, GW X.
— (1916/17): Vorlesungen zur Einführung in die Psychoanalyse, GW XII.
— (1918): Aus der Geschichte einer infantilen Neurose, GW XI.
— (1920): Jenseits des Lustprinzips, GW XIII.
— (1921): Massenpsychologie und Ich-Analyse, GW XIII.
— (1923): Das Ich und das Es, GW XIII.
— (1924): Das ökonomische Problem des Masochismus, GW XIII.
— (1925): »Selbstdarstellung«, GW XIV.
— (1926 a): Hemmung, Symptom und Angst, GW XIV.
— (1926 b): Die Frage der Laienanalyse, GW XIV.
— (1931): Über die weibliche Sexualität, GW XIV.
— (1933): Neue Folge der Vorlesungen zur Einführung in die Psychoanalyse, GW XV.
— (1937 a): Die endliche und die unendliche Analyse, GW XVI.
— (1937 b): Konstruktionen in der Analyse, GW XVI.
— (1939): Der Mann Moses und die monotheistische Religion, GW XVI.
— (1940): Abriß der Psychoanalyse, GW XVII.
Friedman, L. (1969): The therapeutic alliance. *Int. J. Psa.*, 50 S. 139—153.
Fromm-Reichmann, F. (1950): Principles of Intensive Psychotherapy, Chicago,

University of Chicago Press — Intensive Psychotherapie. Grundzüge und Technik, Stuttgart, Hippokrates, 1959.

Frosch, J. (1967): Severe regressive states during analysis, *J. Am. Psa. Ass.* 15, S. 491—507 und 606—625.

Gerö, G. (1936): The construction of depression, *Int. J. Psa.*, 18 S. 423—461.

— (1951) The concept of Defence. *Psa. Quart.* 20, 565—578.

Gill, M. (1954): Psychoanalysis and exploratory psychotherapy, *J. Am. Psa. Ass.*, 2, S. 771—797.

Gitelson, M. (1952): The emotional position of the analyst in the psychoanalytic situation. *Int. J. Psa.*, 33, S. 1—10.

— (1954): Therapeutic problems in the analysis of the ›normal‹ candidate. *Int. J. Psa.*, 35, S. 174—183.

— (1962): The curative factors in psychoanalysis. *Int. J. Psa.* 43, S. 451—476.

Glover, E. (1931): The therapeutic effect of inexact interpretation. *Int. J. Psa.* 12, S. 397—411.

— (1937): The theory of the therapeutic results of psychoanalysis. *Int. J. Psa.* 18, S. 125—132.

— (1945): Examination of the Klein system of child psychology. *Psychoanalytic study of the child*, 1, S. 75–118.

— (1955): The Technique of Psycho-Analysis, London, Baillière, Tindall & Cox.

Greenacre, Ph. (1950): General problems of acting out. *Psychoanalytic Quarterly*, 19, S. 455—467.

— (1956): Re-evaluation of the process of working through. *Int. J. Psa.*, 37, S. 439—445.

Greenbaum, H. (1956): Combined psychoanalytic therapy with negative therapeutic reactions. In: A. H. Rifkin (Hrsg.) *Schizophrenia in Psychoanalytic Office Practice*, S. 56—65.

Greenson, R. R. (1965 a): The working alliance and the transference neurosis. *Psychoanalytic Quarterly*, 34, S. 155—181 — Das Arbeitsbündnis und die Übertragungsneurose, *Psyche*, 20, 1966, S. 81—103.

— (1965 b): The problem of working through. In: M. Schur (Hrsg.) *Drives, Affects, and Behavior*, New York, Int. Univ. Press.

— (1967): The Technique and Practice of Psychoanalysis, vol. 1, New York, Int. Univ. Press ([2]1968). — Technik und Praxis der Psychoanalyse, Bd. 1, Stuttgart, Klett, 1973.

— u. M. Wexler (1969): The non-transference relationship in the psychoanalytic situation, *Int. J. Psa.*, 50, S. 27—39.

Hammett, van Buren O. (1961): Delusional transference, *Am. J. of Psychotherapy*, 15, S. 574—581.

Hartmann, H. (1939): Ego Psychology and the Problem of Adaption, London, Imago, 1958 — Ich-Psychologie und Anpassungsproblem, Stuttgart, Klett, [2]1970 und *Psyche*, 14, 1960, S. 81—164.

— (1944): Psychoanalysis and sociology. In: *Essays on Ego Psychology*, London, Hogarth Press, 1964 — Psychoanalyse und Soziologie. In: *Ich-Psychologie. Studien zur psychoanalytischen Theorie*, Stuttgart, Klett, 1972.

— (1951): Technical implications of ego psychology, *Psychoanalytic Quarterly*, 20, S. 31—43 — Die Bedeutung der Ich-Psychologie für die Technik der Psychoanalyse. *Psyche*, 22, 1968, S. 161—172.

— (1956): The development of the ego concept in Freud's work, *Int. J. Psa.*, 37, S. 425—438 — Die Entwicklung des Ich-Begriffs bei Freud, *Psyche*, 18, 1964, S. 420—444.

— (1964): Essays on Ego Psychology, London, Hogarth Press — Ich-Psychologie. Studien zur psychoanalytischen Theorie, Stuttgart, Klett, 1972.

Heimann, P. (1950): On counter-transference, *Int. J. Psa.*, 31, S. 81—84.

— (1960): Countertransference, *Brit. J. of Medical Psychology*, 33, S. 9—15 — Bemerkungen zur Gegenübertragung, *Psyche*, 18, 1964, S. 483—493.

Hill, D. (1956): Psychiatry. In: J. S. Richardson (Hrsg.), *The Practice of Medicine*, London, J. & A. Churchill Ltd.

— (1968): Depression: disease, reaction or posture? *Am. J. of Psychiatry*, 125, S. 445—457.

— (1969): Psychiatric education during a period of social change, *Brit. Med. J.*, 1, S. 205—209.

Hinsie, L. E. und R. J. Campbell (1970): Psychiatric Dictionary (4. Auflage), London, Oxford Univ. Press.

Hoffer, W. (1956): Transference and transference neurosis. *Int. J. Psa.*, 37, S. 377—379.

Holder, A. (1970): Conceptual problems of acting out in children, *J. of Child Psychotherapy*, 2, S. 5—22.

Horney, K. (1936): The problem of the negative therapeutic reaction, *Psychoanalytic Quarterly*, 5, S. 29—44.

Isaacs, S. (1939): Criteria for interpretation, *Int. J. Psa.*, 20, S. 148—160.

Ivimey, M. (1948): Negative therapeutic reaction, *Am. J. Psa.*, 8, S. 24—33.

Jaspers, K. (1913): Allgemeine Psychopathologie, Berlin, Springer, [7]1959.

Joffe, W. G. (1969): A critical review of the status of the envy concept, *Int. J. Psa.*, 50, S. 533—545.

— u. J. Sandler (1965): Notes on pain, depression and individuation, *Psychoanalytic study of the child*, 20, S. 394—424.

— u. J. Sandler (1967): On the concept of pain, with special reference to depression and psychogenic pain, *J. of Psychosomatic Research*, 11, S. 69—75.

Jones, E., The Life and Work of Sigmund Freud, vol. 1, London, Hogarth Press — Leben und Werk von Sigmund Freud, Bd. 1, Bern, Huber, 1960.

Jung, C. G. (1907): Über die Psychologie der dementia praecox. Ein Versuch Halle a. S., Marhold.

Kaplan, A. (1964): The conduct of Inquiry, San Francisco, Chandler Publishing Co.

Kemper, W. W. (1966): Transference and counter-transference as a functional unit. In: *Official Report on Pan-American Congress for Psychoanalysis*, August 1966.

Kepecs, J. G. (1966): Theories of transference neurosis, *Psychoanalytic Quarterly*, 35, S. 497—521.

Kernberg, O. (1965): Notes on counter-transference, *J. Am. Psa. Ass.* 13, S. 38—56.

Khan, M. (1960): Regression and integration in the analytic setting *Int. J. Psa.*, 41, S. 130—146.

— (1963): Silence as communication, *Bull. of the Menninger Clinic*, 27, S. 300 bis 317.

Klein, M. (1932): The Psycho-Analysis of Children, London, Hogarth Press — Die Psychoanalyse des Kindes, Wien, Int. Psa. Vlg., 1932.

— (1948): Contributions to Psychoanalysis, London, Hogarth Press.

Köhler, W. (1925): The Mentality of Apes, New York, Harcourt, Brace & World Inc. — Intelligenzprüfungen an Anthropoiden, Berlin, Akad. d. Wiss., 1917.

Kraepelin, E. (1906): Lectures on Clinical Psychiatry, London, Baillière, Tindall & Co. — Einführung in die psychiatrische Klinik, 32 Vorlesungen, Leipzig, Barth, [2]1906.

Kris, E. (1951): Ego psychology and interpretation in psychoanalytic therapy, *Psychoanalytic Quarterly*, 20, S. 15—29.

— (1952): Explorations in Art, New York, Univ. Press.

— (1956): The Recovery of childhood memories in psychoanalysis, *Psychoanalytic Study of the Child*, 11, S. 54—88.

Kubie, L. S. (1950): Practical and theoretical Aspects of Psychoanalysis, New York, Int. Univ. Press.

Laplanche, J. u. J. B. Pontalis (1967): Vocabulaire de la Psychoanalyse, Paris, Presses Universitaires de France — Das Vokabular der Psychoanalyse, Frankfurt a. M., Suhrkamp, 1972.

Lewin, B. (1950): The Psychoanalysis of Elation, New York, W. W. Norton & Co. Inc.

— (1961): Reflections on depression, *Psychoanalytic Study of the child*, 16, S. 321—331.

Lidz, T., S. Fleck u. A. Cornelison (Hrsg.) (1965): Schizophrenia and the family, New York, Int. Univ. Press.

Limentani, A. (1966): A re-evaluation of acting out in relation to working through, *Int. J. Psa.*, 47, S. 274—282.

Little, M. (1951): Countertransference and the patient's response to it. *Int. J. Psa.* 32, S. 32—40.

— (1958): On delusional transference (transference psychosis) *Int. J. Psa.*, 39, S. 134—138 — Über wahnhafte Übertragung (Übertragungspsychose), *Psyche*, 12, 1958, S. 258—269.

— (1960 a): On basic unity, *Int. J. Psa.*, 41, S. 377—384.

(1960 b): Countertransference. *Brit. J. Med. Psychology*, 33, S. 29—31.

— (1966): Transference in borderline states, *Int. J. Psa.*, 47, S. 476—485.

Loewald, H. W. (1960): On the therapeutic action of psychoanalysis, *Int. J. Psa.*, 41, S. 16—33.

Loewenstein, R. M. (1951): The problem of interpretation, *Psa. Quart.* 20, S. 1—14 — Das Problem der Deutung, *Psyche*, 22, 1968, S. 187—198.

— (1954): Some remarks on defences, autonomous ego, and psycho-analytic technique, *Int. J. Psa.*, 35, S. 188—193.
— (1969): Development in the theory of transference in the last fifty years, *Int. J. Psa.*, 50, S. 583—588.
Lorand, S. (1958): Resistance, *Psychoanalytic Quarterly*, 27, S. 462—464.
Main, T. F. (1957): The ailment, *Brit. J. Med. Psychology*, 30, S. 129—145.
Martin, A. R. (1952): The dynamics of insight, *Am. J. Psa.*, 12, S. 24—38.
Meltzer, D. (1967): The Psycho-Analytical Process, London, Wm. Heinemann Ltd.
Menninger, K. (1968): Theory of Psychoanalytic Technique, New York, Basic Books.
Mishler, E. G. u. N. E. Waxler (1966): Family interaction patterns and schizophrenia: a review of current theories, *Int. J. of Psychiatry*, 2, S. 375—413.
Money-Kyrle, R. E. (1956): Normal counter-transference and some of its deviations, *Int. J. Psa.*, 37, S. 360—366.
Moore, B. E. u. B. D. Fine (1967): A Glossary of Psychoanalytic Terms and Concepts, New York, American Psychoanalytic Ass.
Myerson, P. A. (1960): Awareness and stress: post-psycho-analytic utilization of insight, *Int. J. Psa.*, 41, S. 147—156.
— (1963): Assimilation of unconscious material, *Int. J. Psa.*, 44, S. 317—327.
— (1965): Modes of insight, *J. Am. Psa. Ass.*, 13, S. 771—792.
Novey, S. (1962): The principle »of working through« in psychoanalysis, *J. Am. Psa. Ass.*, 10, S. 658—676.
— (1968): The Second Look, Baltimore, John Hopkins Press.
Nunberg, H. (1920): The course of the libidinal conflict in a case of schizophrenia. In: *Practice and Theory of Psychoanalysis*, New York, Int. Univ. Press, 1948 — Der Verlauf des Libido-Konflikts in einem Fall von Schizophrenie, *Int. Z. Psa.*, 7, 1921, S. 301—345.
— (1951): Transference and reality, *Int. J. Psa.*, 32, S. 1—9.
Olinick, S. L. (1954): Some considerations of the use of questioning as a psychoanalytic technique, *J. Am. Psa. Ass.*, 2, S. 57—66.
— (1964): The negative therapeutic reaction, *Int. J. Psa.*, 45 a, S. 540—548.
Orr, D. W. (1954): Transference and Countertransference: a historical survey, *J. Am. Psa. Ass.*, 2, S. 621—670.
Pressman, M. (1969 a): The cognitive function of the ego in psychoanalysis: I. The search for insight, *Int. J. Psa.*, 50, S. 187—196.
— (1969 b): The cognitive function of the ego in psychoanalysis: II. Repression, incognizance and insight formation, *Int. J. Psa.*, 50. S. 343—351.
Rangell, L. (1968): A point of view on acting out, *Int. J. Psa.*, 49, S. 195—201.
Rapaport, D. (1959): A historical survey of ego psychology. In: E. H. Erikson, Hrsg., *Identity and the Life Cycle*, New York, Int. Univ. Press.
Rappaport, E. A. (1956): The management of an erotized transference, *Psychoanalytic Quarterly*, 25, S. 515—529.
Reich, A. (1951): On countertransference, *Int. J. Psa.*, 32, S. 25—31.
— (1960): Further remarks on countertransference, *Int. J. Psa.*, 41, S. 389—395.

Reich, W. (1928): On character analysis. In: R. Fliess, ed., *The Psycho-Analytic Reader*, London, Hogarth Press, 1950, S. 106—123 — Über Charakteranalyse, Int. Z. Psa., 14, S. 180—196.

— (1929): The genital character and the neurotic character. In: R. Fliess, ed., *The Psycho-Analytic Reader*, London, Hogarth Press, 1950, S. 124—144 — Der genitale und der neurotische Charakter, *Int. Z. Psa.*, 15, S. 435—455.

— (1933): Charakteranalyse, Wien, Selbstverlag.

— (1934): Psychischer Kontakt und vegetative Strömung, Kopenhagen, Sexpol Verlag.

Reid, J. R. u. J. E. Finesinger (1952): The role of insight in psychotherapy, *Am. J. Psychiatry*, 108, S. 726—734.

Reider, N. (1957): Transference psychosis, *J. of the Hillside Hospital*, *6*, S. 131—149.

Rexford, E. (1966): A survey of the literature, In: E. Rexford, ed., *A Developmental Approach to Problems of Acting Out, Monographs of the American Academy of Child Psychiatry*, No. 1.

Richfield, J. (1954): An analysis of the concept of insight, *Psychoanalytic Quarterly*, 23, S. 390—408.

Riviere, J. (1936): A contribution to the analysis of the negative therapeutic reaction, *Int. J. Psa.*, 17, S. 304—320.

Romm, M. (1957): Transient psychotic episodes during psychoanalysis, *J. Am. Psa. Ass.*, 5, S. 325—341.

Rosen, J. (1946): A method of resolving acute catatonic exitement, *Psychiatric Quarterly*, 20, S. 183—198.

— (1953): Direct Analysis, New York, Grune & Stratton Inc.

— (1965): The concept of ›acting-in‹. In: L. Abt u. S. Weissman, ed., *Acting Out*, New York, Grune & Stratton Inc.

Rosenblatt, A. D. u. J. T. Thickstun (1970): A study of the concept of psychic energy, *Int. J. Psa.*, 51, S. 265—278.

Rosenfeld, H. A. (1952): Transference phenomena and transference-analysis in an acute catatonic schizophrenic patient, *Int. J. Psa.*, 33, S. 457—464.

— (1954): Considerations regarding the psychoanalytic approach to acute and chronic schizophrenia, *Int. J. Psa.*, 35, S. 135—140 — Zur psychoanalytischen Behandlung akuter chronischer Schizophrenie, *Psyche*, 9, 1955, S. 161—171.

— (1965 a): Psychotic States: A Psychoanalytic Approach, London, Hogarth Press.

— (1965 b): An investigation into the need of neurotic and psychotic patients to act out during analysis. In: Rosenfeld, *Psychotic States*, London, Hogarth Press.

— (1968): Negative therapeutic reaction, unveröffentlichte Arbeit.

— (1969): On the treatment of psychotic states by psychoanalysis: an historical approach, *Int. J. Psa.*, 50, S. 615—631.

Rycroft, C. (1958): An enquiry into the function of words in the psychoanalytical situation, *Int. J. Psa.*, 39, S. 408—415.

— (Hrsg.) (1966): Psychoanalysis Observed, London, Constable & Co. Ltd.

— (1968): A Critical Dictionary of Psychoanalysis, London, Thomas Nelson & Sons.

Salzman, L. (1960): The negative therapeutic reaction. In: J. H. Masserman, ed., *Science and Psychoanalysis*, 3, S. 303—313.

Sandler, J. (1959): On the repetition of early childhood relationships in later psychosomatic illness. In: *The Nature of Stress Disorder*, London, Hutchinson.

— (1960 a): The background of safety, *Int. J. Psa.*, 41, S. 352—356 — Sicherheitsgefühl und Wahrnehmungsvorgang, *Psyche*, 15, 1961, S. 124—141.

— (1960 b): On the concept of the superego, *Psychoanalytic Study of the Child*, 15, S. 128—162 — Zum Begriff des Über-Ichs, *Psyche*, 18, 1964, S. 721—743.

— (1968): Psychoanalysis: an introductory survey. In: W. G. Joffe, ed., *What is Psychoanalysis?* S. 1—14, London, Ballière, Tindall & Cassell.

— (1969): On the Communication of Psychoanalytic Thought, Leiden, University Press.

— , C. Dare u. A. Holder (1970 a): Basic psychoanalytic concepts: I The extension of clinical concepts outside the psychoanalytic situation, *Brit. J. Psychiatry*, 116, S. 551—554.

— , C. Dare u. A. Holder (1970 b): Basic psychoanalytic concepts: III. Transference, *Brit. J. Psychiatry*, 116, S. 667—672.

— , C. Dare u. A. Holder (1970 c): Basic psychoanalytic concepts: VIII. Special forms of transference, *Brit. J. Psychiatry*, 117, S. 561—568.

— , C. Dare u. A. Holder (1970 d): Basic psychoanalytic concepts: IX. working through, *Brit. J. Psychiatry*, 117, S. 617—621.

— , C. Dare u. A. Holder (1971): Basic psychoanalytic concepts: X. Interpretations and other interventions, *Brit. J. Psychiatry*, 118, S. 53—59.

— , A. Holder u. C. Dare (1970 a): Basic psychoanalytic concepts: II. The treatment alliance, *Brit. J. Psychiatry*, 116, S. 555—558.

— , A. Holder u. C. Dare (1970 b): Basic psychoanalytic concepts: IV. Countertransference, *Brit. J. Psychiatry*, 117, S. 83—88.

— , A. Holder u. C. Dare (1970 c): Basic psychoanalytic concepts: V. Resistance, *Brit. J. Psychiatry*, 117, S. 215—221.

— , A. Holder u. C. Dare (1970 d): Basic psychoanalytic concepts: VI. Acting out, *Brit, J. Psychiatry*, 117, S. 329—334.

— , A. Holder u. C. Dare (1970 e): Basic psychoanalytic concepts: VII. The negative therapeutic reaction, *Brit. J. Psychiatry*, 117, S. 431—435.

— , A. Holder, M. Kawenoka, H. E. Kennedy u. L. Neurath (1969): Notes on some theoretical and clinical aspects of transference, *Int. J. Psa.*, 50, S. 633—645 — Einige theoretische und klinische Aspekte der Übertragung, *Psyche*, 21, 1967, S. 804—826.

— , A. Holder u. D. Meers (1963): The ego ideal and the ideal self, *Psychoanalytic Study of the Child*, 18, S. 139—158.

— u. W. G. Joffe (1968): Psychoanalytic psychology und learning theory. In: R. Porter, ed., The Role of Learning in Psychotherapy, London, J. & A. Churchill Ltd.

— u. W. G. Joffe (1969): Towards a basic psychoanalytic model, *Int. J. Psa.* 50, S. 79—90 — Auf dem Weg zu einem Grundmodell der Psychoanalyse, *Psyche*, 23, 1969, S. 461—480.

— u. W. G. Joffe (1970): Discussion of ›Towards a basic psychoanalytic model‹, *Int. J. Psa.*, 51, S. 183—193.

Saul, L. J. (1962): The erotic transference, *Psychoanalytic Quarterly*, 31, S. 54—61.

Schmale, H. T. (1966): Working through (panel report), *J. Am. Psa. Ass.*, 14, S. 172—182.

Schon, D. A. (1963): The Displacement of Concepts, London, Tavistock Publications Ltd.

Searles, H. F. (1961): Phases of patient-therapist interaction in the psychotherapy of chronic schizophrenia, *Brit. J. Med. Psychology*, 34, S. 160—193.

— (1963): Transference psychosis in the psychotherapy of chronic schizophrenia, *Int. J. Psa.*, 44, S. 249—281.

Segal, H. (1962): The curative factors in psycho-analysis, *Int. J. Psa.*, 43, S. 212—217.

— (1964): Introduction to the Work of Melanie Klein, London, Wm. Heinemann Ltd.

Sharpe, E. F. (1947): The psycho-analyst, *Int. J. Psa.*, 28, S. 1—6.

Silverberg, W. V. (1955): Acting out versus insight: a problem in psychoanalytic technique, *Psychoanalytic Quarterly*, 24, S. 527—544.

Spitz, R. (1956): Countertransference: comments on its varying role in the analytic situation, *J. Am. Psa. Ass.*, 4, S. 256—265.

Sterba, R. (1934): Das Schicksal des Ichs im therapeutischen Verfahren, *Int. Z. Psa.*, 20, S. 66—73.

— (1940): The dynamics of the dissolution of the transference resistance, *Psychoanalytic Quarterly*, 9, S. 363—379.

Stern, A. (1924): On the counter-transference in psychoanalysis, Psychoanalytic Review, 11, S. 166—174.

Stewart, W. A. (1963): An inquiry into the concept of working through, *J. Am. Psa. Ass.*, 11, S. 474—499.

Stone, L. (1961): The Psychoanalytic Situation, New York, Int. Univ. Press.

— (1967): The psychoanalytic situation and transference: postscript to an earlier communication, J. Am. Psa. Ass., 15, S. 3—58.

Strachey, J. (1934): The nature of the therapeutic action of psychoanalysis, *Int. J. Psa.*, 15, S. 127—159.

Sullivan, H. S. (1931): The modified psychoanalytic treatment of schizophrenia, *Am. J. Psychiatry*, 11, S. 519—540.

Szasz, T. S. (1963): The concept of transference, *Int. J. Psa.*, 44, S. 432—443.

Tarachow, S. (1963): An Introduction to Psychotherapy, New York, Int. Univ. Press.

Tower, L. E. (1956): Countertransference, *J. Am. Psa. Ass.*, 4, S. 224—255.

Tyson, R. L. u. J. Sandler (1971): On the selection of patients for psychoanalysis, *Brit. J. Med. Psychology*, 44, S. 211—228.

Valenstein, A. F. (1962): The psycho-analytic situation: affects, emotional reliving and insight in the psycho-analytic process. *Int. J. Psa.*, 43, S. 315—324.

Waelder, R. (1956): Introduction to the discussion on problems of transference, *Int. J. Psa.*, 37, S. 367—368.

Wallerstein, R. S. (1967): Reconstruction and mastery in the transference psychosis, *J. Am. Psa. Ass.*, 15, S. 551—583.

Wexler, J. (1960): Hypothesis concerning ego deficiency in schizophrenia. In: The Out-Patient Treatment of Schizophrenia, New York, Grune & Stratton Inc.

Winnicott, D. W. (1949): Hate in the countertransference, *Int. J. Psa.*, 30, S. 69—75.

— (1954): Metapsychological and clinical aspects of regression within the psycho-analytical set-up. In: *Collected Papers: Through Paediatrics to Psycho-Analysis*, London, Tavistock Publications Ltd., 1958.

— (1955): Clinical varieties of transference. In: *Collected Papers: Through Paediatrics to Psycho-Analysis*, London, Tavistock Publications Ltd., 1958.

— (1960): Countertransference, *Brit. J. Med. Psychology*, 33, S. 17—21

Wynne, L. u. M. Singer (1963): Thought disorder and family relations of schizophrenics, Archives of General Psychiatry, 9, S. 191—198 und 199—206.

Zeligs, M. (1957): Acting in, *J. Am. Psa. Ass.*, 5, S. 685—706.

Zetzel, E. R. (1956): Current concepts of transference, *Int. J. Psa.*, 37, S. 369 bis 376.

Zilboorg, G. (1952): The emotional problem and the therapeutic role of insight, *Psychoanalytic Quarterly*, 21, S. 1—24.

Personenregister

Autoren:

Joseph Sandler

Senior Lecturer am Institut für Psychiatrie, London; Professor für Angewandte Psychoanalyse in der Medizin, Universität Leiden, Holland; Herausgeber des International Journal of Psychoanalysis; Herausgeber des British Journal of Medical Psychology; Direktor des Index Projekts der Hampstead Child Therapy Clinic

Christopher Dare

Research Worker und Lecturer am Institut für Psychiatrie, London; Consultant Psychiatrist am Bethlem Royal Hospital und am Maudsley Hospital, London

Alex Holder

Research Worker und Lecturer am Institut für Psychiatrie, London; Kinderpsychotherapeut an der Hampstead Child Therapy Clinic; Staff Member des Brent Study Centre for Adolescence